FOOD STYLING

MANUAL PRÁTICO DE PRODUÇÃO GASTRONÔMICA PARA FOTO E VÍDEO

Dados Internacionais de Catalogação na Publicação (CIP)
(Simone M. P. Vieira - CRB 8ª/4771)

Albano, Juliano
Food styling: manual prático de produção gastronômica para
foto e vídeo / Juliano Albano, João M. Portelinha Neto. – São
Paulo : Editora Senac São Paulo, 2024.

Bibliografia
ISBN 978-85-396-4684-5 (Impresso/2024)
eISBN 978-85-396-4683-8 (ePub/2024)
eISBN 978-85-396-4681-4 (PDF/2024)

1. Fotografia 2. Gastronomia 3. Food styling 4. Food stylist
5. Produção fotográfica 6. Fotografia de alimentos 7. Técnicas
de food styling I. Portelinha Neto, João M. II. Título.

24-2111g
CDD – 770
641
BISAC PHO023110
CKB029000

Índice para catálogo sistemático:
1. Fotografia 770
2. Gastronomia 641

JULIANO ALBANO · JOÃO M. PORTELINHA NETO

FOOD STYLING

MANUAL PRÁTICO DE PRODUÇÃO
GASTRONÔMICA PARA FOTO E VÍDEO

EDITORA SENAC SÃO PAULO – SÃO PAULO – 2024

Administração Regional do Senac no Estado de São Paulo

Presidente do Conselho Regional: Abram Szajman
Diretor do Departamento Regional: Luiz Francisco de A. Salgado
Superintendente Universitário e de Desenvolvimento: Luiz Carlos Dourado

Editora Senac São Paulo

Conselho Editorial: Luiz Francisco de A. Salgado
Luiz Carlos Dourado
Darcio Sayad Maia
Lucila Mara Sbrana Sciotti
Luís Américo Tousi Botelho

Gerente/Publisher: Luís Américo Tousi Botelho
Coordenação Editorial: Verônica Pirani de Oliveira
Prospecção: Andreza Fernandes dos Passos de Paula, Dolores Crisci Manzano, Paloma Marques Santos
Administrativo: Marina P. Alves
Comercial: Aldair Novais Pereira
Comunicação e Eventos: Tania Mayumi Doyama Natal

Edição e Preparação de Texto: Karen Daikuzono
Coordenação de Revisão de Texto: Marcelo Nardeli
Revisão de Texto: Caique Zen Osaka
Produção Gráfica, Projeto Gráfico e Capa: João M. Portelinha Neto
Editoração Eletrônica: Antonio Carlos De Angelis e Veridiana Freitas
Fotografia e Food Styling: Juliano Albano [exceto AdobeStock: (c – centro, b – baixo): p. 32c, 33c, 33b, 36b, 37 e 72b]
Impressão e Acabamento: Santa Marta

Proibida a reprodução sem autorização expressa.
Todos os direitos desta edição reservados à
Editora Senac São Paulo
Av. Engenheiro Eusébio Stevaux, 823 – Prédio Editora
Jurubatuba – CEP 04696-000 – São Paulo – SP
Tel. (11) 2187-4450
editora@sp.senac.br
https://www.editorasenacsp.com.br

© Editora Senac São Paulo, 2024

SUMÁRIO

NOTA DO EDITOR 9

APRESENTAÇÃO 11

PARTE I. CONCEITOS BÁSICOS DE FOOD STYLING

FOOD STYLING: ENTENDA O QUE É 15

O que é o food styling? 16

Por que o food styling importa? 17

Como começou 18

Food styling e a produção artística 19

O food stylist 19

O que faz um food stylist? 20

Competências pessoais do food stylist 21

Quem contrata um food stylist? 22

Como fazer um orçamento? 24

Planejamento 26

Perguntas que precisamos fazer para realizar o planejamento 26

No dia do styling 28

Casting e compras 29

Ferramentas do food styling 31

Ingredientes 32

Utensílios e outros objetos 34

Para limpeza 36

Equipamentos e outros 36

Tintas 38

PRODUÇÃO E COMPOSIÇÃO...45
Storytelling...47
Identidade visual...49
Cores...51
Iluminação...54
Camadas..55
Posicionamento e composição..56
Ângulos de visão...60
Fundos...62
Produção artística...64

FOTOGRAFIA COM CELULAR...67
Um pouco sobre a fotografia com celular..68
Primeiros passos da fotografia com celular...................................68
Dicas sobre a iluminação..69
Difusores..70
Rebatedores..70
Editando as imagens no celular...71

PARTE II. TÉCNICAS DE FOOD STYLING

VEGETAIS...75
Compras, seleção e transporte...76
Manuseio e preservação..77
Branqueamento...77
Temperos frescos...78
Spray de frescor eterno..78
Preenchimento...79
SALADA...80
Pré-preparo e cuidados com a preservação...................................80
Molhos...83
SALADA DE FRUTAS...84
PUDIM DE CHIA COM BANANA E MEL...87
Mel..87

CARNES..91
FRANGO ASSADO DOURADO...92
Compras e casting..92
Pintura e acabamento..93
FRANGO ORIENTAL...96
FRANGO GRELHADO..99
Peito de frango...99
Marcas de grelhado...100
FRANGO GRELHADO COM LEGUMES..104
Legumes grelhados...104

BACON DOS DEUSES, ONDULADO E CROCANTE..106
   Bacon no micro-ondas...107
MAMINHA NO SAL GROSSO..108
   Preparando a carne bovina..108
STEAK..112
   Preparando o steak..112
PORK RIBS..116
   Preparando a costelinha suína...117
   Ribs cortadas...119
SALMÃO..120
   Styling de peixes..120
Vapor, fumaça e fogo!...124
   Vapor..124
   Fumaça e fogo..124
   Outras técnicas...125

SANDUÍCHES...127
   HAMBÚRGUER..128
      Compras, seleção e transporte dos ingredientes......................................129
      Pão...129
      Carne – hambúrguer...130
   SANDUÍCHE NO PÃO BAGUETE...134
      Queijo derretido...137
   BAGUETE COM TIRAS DE CARNE...139
   "O" SANDUÍCHE...142
   OVO FRITO...145

BEBIDAS...147
   CAFÉ..149
      Tonalidades do café...150
      Espuma de café..150
   CAFÉ COM CREME...153
   CERVEJA ESTUPIDAMENTE GELADA...156
      Efeito vidro ultragelado..157
      Vidro condensado..158
   COPO DE CERVEJA..161
      Espuma de cerveja...162
   GIN TÔNICA COM LARANJA E HORTELÃ..165
      Gelo...166
      Gelo triturado..166
      Posicionando os ingredientes no copo...167
   BLOODY MARY...169

MASSAS...171
   LASANHA À BOLONHESA..172
      Dicas para o styling da lasanha..173

ESPAGUETE AO SUGO...176
PIZZA...179
    Preparando a pizza para o styling.................................179
PASTEL DE CARNE..183
    Recheando salgados..183
    Dicas para fritar..185
    Empanamento..187

SOPA E FEIJOADA...189
CREME DE ABÓBORA...190
FEIJOADA!..193
    Pré-preparo para a feijoada...194
    Panelas, caçarolas e pratos pesados...........................197

DOCES...199
CHOCOLATE..200
    Trabalhando com chocolate...200
BOLO DE CENOURA COM CHOCOLATE.................................203
    Preparando bolo para food styling................................204
CEREAL MATINAL..208
    Leite...208
    Selecionando o cereal...209
TORRADINHAS COM GELEIA..211
PANQUECAS VOADORAS..214
SORVETE A 30 °C..218
    Sorvete...219
    Outros sabores de sorvete..221
    Sorvete de máquina...222

ANEXOS

ATIVIDADE PROPOSTA...227
    Exemplo para a atividade..228

POSICIONAMENTO E COMPOSIÇÃO..231

REFERÊNCIAS...239

SOBRE OS AUTORES..240

NOTA DO EDITOR

Apesar de tão presente em nossa vida cotidiana – na publicidade, em embalagens de produtos, nos cardápios ou mesmo nas redes sociais –, o food styling é pouco conhecido no Brasil. Isso acaba se refletindo nas próprias livrarias, onde é raro encontrarmos referências sobre o assunto, especialmente em língua portuguesa.

Ao ingressar no food styling, o chef de cozinha Juliano Albano passou por essa experiência; hoje, já com mais de dez anos trabalhando como food stylist, ele compartilha nesta obra, em parceria com João M. Portelinha Neto, seu conhecimento, possibilitando que mais pessoas tenham contato com o tema. Para a demonstração de suas técnicas mais usadas, optou por tomar emprestada a estrutura clássica das receitas, com lista de ingredientes e modo de preparo, descrevendo em um passo a passo como montar o prato para uma foto ou vídeo – mesmo que muitas vezes, na prática, esses pratos não sejam comestíveis.

No decorrer do livro, são recomendados sites e aplicativos para apoiar a prática e ajudar a entender, por exemplo, as combinações de cores e a edição de imagens. Como o trabalho com food styling é muito pessoal e cada profissional tem suas próprias técnicas e preferências, essas recomendações, assim como a menção de marcas em fotos ou no texto, não caracterizam nenhum tipo de vínculo com o Senac São Paulo. Elas são apresentadas apenas com o intuito educativo de ajudar você em sua trajetória ou de maneira ilustrativa.

Com esta publicação, o Senac São Paulo reforça seu comprometimento com a educação e a difusão do conhecimento, contribuindo para que mais pessoas interessadas no food styling tenham acesso, por meio de uma abordagem prática, a conceitos teóricos e informações atuais.

APRESENTAÇÃO

Escrevi este livro pensando nos profissionais que podem se beneficiar com "imagens de comer com os olhos" e nas pessoas que, mesmo tendo receitas deliciosas, não conseguem imprimir na fotografia o *appetite appeal* necessário para conquistar o seu público-alvo, qualquer que seja ele.

Sou chef de cozinha e trabalho desde 2010 com consultoria para realizar o sonho de quem quer abrir um restaurante ou melhorar o desempenho de seu cardápio. Sabendo que uma boa imagem de comida pode aumentar as vendas, surgiu a necessidade de fazer fotos de pratos para cardápio, mas o resultado nem de perto era o que eu esperava. E foi assim que comecei a pesquisar e a testar técnicas de food styling para melhorar as imagens de pratos do cardápio de clientes – e o resultado foi surpreendente. Hoje, além da consultoria, trabalho como food stylist para marcas de alimentos e restaurantes e dou cursos na área.

As técnicas de food styling são diversas, e cada profissional tem suas preferidas e também suas próprias adaptações. Para apresentar e demonstrar na prática algumas de minhas principais, reuni nesta obra receitas de como preparar alimentos e bebidas e de como produzir um cenário para conquistar aquela irresistível imagem de comer com os olhos!

PARTE I

CONCEITOS BÁSICOS DE FOOD STYLING

FOOD STYLING
ENTENDA O QUE É

Fotografia por Débora Lemos.

> **"COMIDA PARA FOTOGRAFIA NÃO TEM QUE SER GOSTOSA, ELA TEM QUE PARECER GOSTOSA."**

O QUE É O FOOD STYLING?

Food styling, ou produção culinária, é a arte de trabalhar a comida para torná-la irresistível em fotografia ou vídeo. É entender as limitações de cada ingrediente e trabalhá-las para transformar uma comida, às vezes visualmente sem graça, em um prato para se comer com os olhos.

O food styling compreende uma série de técnicas aplicadas aos alimentos dentro desse contexto de produção para fotografia ou vídeo, com o objetivo de torná-los irresistíveis a ponto de despertar a fome do observador. Tudo isso dentro de ambientes em que muitas vezes as situações são adversas (alta temperatura, iluminação intensa e elevado tempo de exposição, entre outras surpresas que podem e costumam acontecer).

Como você percebeu, temos mais de um termo para designar este ofício: food styling, produção culinária, produção gastronômica. Neste livro, usarei a expressão food styling, por essa ter sido a maneira como fui apresentado ao tema, quando um professor alemão, no curso de gastronomia, disse que eu tinha talento para trabalhar como food stylist. Além disso, quando comecei a pesquisar sobre o assunto, não havia nenhum livro em português – este é o primeiro.

Por isso, em cada situação, o trabalho com food styling nos apresenta um desafio diferente, e nem sempre as soluções estão prontas. É por esse motivo que a compreensão do que se quer transmitir, somada ao conhecimento das possibilidades técnicas nesta área, é tão importante.

Por falar em técnicas, é comum que se pense que a produção de alimentos para foto e vídeo sempre demanda a utilização em massa de produtos químicos e truques mirabolantes – o que em muitos casos é verdade. Mas

também é possível usar apenas produtos comestíveis nas produções, tudo depende do objetivo do trabalho. Ao longo dos capítulos deste livro, vou apresentar as mais variadas técnicas e ferramentas para atingir diferentes objetivos.

Aliás, em alguns trabalhos, pode ser que um ator tenha que comer o alimento preparado. Logo, a produção tem que ser completamente comestível – talvez ela não esteja tão gostosa, mas com certeza tem que estar linda!

Tão importante quanto as técnicas e ferramentas é o processo de selecionar, comprar e preservar os ingredientes. Imagine que os pães para uma produção de hambúrguer tenham sido destruídos durante o transporte. Por mais que usemos diferentes técnicas de food styling, esse pão nunca voltará a seu estado inicial, e um intenso trabalho de pós-produção será necessário para retocar a imagem; e você pode ter certeza que o responsável pela pós-produção não vai te amar depois disso.

Ter uma boa noção de food design e ser capaz de fazer um belo empratamento é apenas o começo para conseguir uma imagem que desperta a fome. As primeiras oportunidades que tive produzindo pratos para fotografia surgiram da demanda de clientes de consultoria gastronômica que precisavam de imagens para cardápios. Como sempre me destaquei quando o assunto era empratamento, eu tinha confiança de que o resultado seria, no mínimo, bom. Mas não foi bem assim. A verdade é que o resultado não me agradou nem um pouco.

Foi então que comecei a pesquisar sobre food styling e, ao testar e adaptar diferentes técnicas, fui conquistando resultados cada vez melhores, imagens de comer com os olhos. O que aprendi desde então, começando lá em 2012 e chegando até aqui, após muitos erros e acertos, é o que organizei neste livro.

POR QUE O FOOD STYLING IMPORTA?

O uso de imagens para promover a venda de produtos não é um mero capricho, e as empresas que investem em fotos e vídeos de seus produtos têm um propósito muito claro, que é aumentar suas vendas e transmitir credibilidade (Ma *et al.*, 2019; Di *et al.*, 2014).

Quando o produto é um alimento ou bebida, o food stylist é o profissional que garante o apelo visual com sua habilidade em manipular os ingredientes, com seu conhecimento de técnicas para ressaltar as características que tornam esses ingredientes irresistíveis e com sua capacidade artística e senso estético para o styling de alimento e a distribuição dos elementos no cenário.

Uma imagem em um cardápio pode aumentar a venda daquele prato altamente lucrativo; em um outdoor, pode criar no consumidor o desejo de visitar o restaurante; em redes sociais, pode despertar interesse; e em aplicativos de venda on-line, pode representar a diferença entre vender ou não um prato.

Food design é a área de estudos que aborda com mais profundidade questões como o empratamento, a forma como os alimentos são servidos e a experiência que se pretende passar ao cliente no momento da refeição.

COMO COMEÇOU

Antes da figura do food stylist aparecer no cenário de produções para imagens, era comum usar ilustrações para representar os alimentos em embalagens de produtos ou mesmo em revistas ou livros de receitas.

Quando surgiu a demanda por fotografias para melhor ilustrar os alimentos, lá no início da década de 1960, as primeiras pessoas a trabalhar nessa função foram mulheres que já atuavam em cozinhas de testes de empresas da indústria de alimentos ou em revistas das cidades de Nova York e Los Angeles, nos Estados Unidos. Neste período, essas mesmas mulheres começaram a se desligar de suas empresas e passaram a trabalhar de maneira independente, autodenominando-se food stylists.

Muitas das técnicas desenvolvidas nessa época surgiram das dificuldades enfrentadas por essas profissionais para preparar alimentos em estúdios quentes e cheios de luz, e essas técnicas são utilizadas até os dias de hoje.

Para ver alguns exemplos do trabalho de culinaristas ou produtoras de alimentos brasileiras de décadas atrás, escaneie o QR code a seguir e acesse uma pasta que criei no Pinterest:

Pasta no Pinterest com exemplos de publicidade de décadas atrás envolvendo produção culinária.

https://br.pinterest.com/julianoalbano/food-styling-old-school/

FOOD STYLING E A PRODUÇÃO ARTÍSTICA

Quando pensa em um alimento, você não o imagina isolado, flutuando, certo? Ele pode até estar em um fundo infinito, mas o mais comum é que esteja contido de alguma forma, sobre uma mesa ou um fundo (backdrop), sobre um prato ou uma tábua, inserido em um cenário que ajuda a contar uma história. Afinal de contas, todo produto tem um enredo, uma sugestão de uso, e é aí que entra a produção artística.

Às vezes, para contar uma história, não basta um protagonista bem produzido (neste caso, o alimento), e é por isso que contamos com a **produção artística**. Com base na história que queremos contar, inserimos elementos que ajudam a compor a imagem por meio de um cenário.

Na escolha do material da mesa, da cor do prato, dos talheres e dos demais elementos que podem compor a cena de maneira coerente, a produção artística ajuda a dar o tom desejado à foto ou ao vídeo. Seja, por exemplo, para se comunicar com um público esportista, seja para despertar aquela sensação de aconchego, os objetos que compõem a imagem devem ser cuidadosamente selecionados para ajudar a transmitir a informação correta.

O FOOD STYLIST

É importante esclarecer que food stylist é o profissional que trabalha com food styling. Parece óbvio, mas essas expressões são comumente confundidas.

O food stylist tem a missão de preparar alimentos e bebidas com o objetivo de promover a venda de produtos alimentícios por meio de imagens. A prioridade é entender qual o objetivo do cliente e utilizar as técnicas de food styling para entregar o que ele deseja. Por isso é importante ter em mente que o foco está no que se pretende vender: um ingrediente, um prato de um restaurante, um utensílio ou até mesmo um estilo de vida, afinal a comida ajuda a contextualizar uma história.

O produto é o sorvete ou a casquinha? É a carne, o tempero usado nela ou a tábua? Um profissional não pode cair na tentação de destacar aquilo que acha mais atraente, mas que não é o produto. Seu papel é tornar mais atraente o que está sendo vendido.

O food styling também pode ser aplicado em um contexto artístico, mas, em geral, as oportunidades para um profissional da área são de tipo comercial.

Aplicação do food styling em um contexto artístico.

O QUE FAZ UM FOOD STYLIST?

O food stylist é quem prepara os alimentos e bebidas para fotografia ou vídeo. Ele é uma espécie de "maquiador de comida", que tem a responsabilidade de despertar a fome por meio de uma imagem de dar água na boca.

Normalmente, o foco desse profissional é tudo o que envolve comida e bebida e que entra em cena, usando técnicas que muitas vezes nada têm a ver com as de gastronomia, ainda que a experiência nesta área seja muito útil na profissão. Em alguns casos, o food stylist também pode se envolver na produção artística para fotografia e vídeo de alimentos e bebidas.

Esse é o meu caso: eu trabalho com o preparo de alimentos, mas eventualmente também participo de toda a produção de cena, usando, inclusive, o meu acervo de objetos.

COMPETÊNCIAS PESSOAIS DO FOOD STYLIST

Além das competências técnicas, o food stylist precisa de uma série de habilidades pessoais e profissionais para ter sucesso na carreira.

- **Capacidade de planejamento:** ser capaz de antever situações e possíveis problemas e se preparar para enfrentá-los. É preciso manter o planejamento em mente durante o styling para seguir uma ordem coerente de produções, garantindo o tempo necessário para executar tudo dentro do cronograma.

- **Criatividade e flexibilidade:** habilidades necessárias tanto para a criação quanto para resolver problemas que surgem durante a produção. Mesmo planejando, pode ser que algo fuja do controle, e nenhum livro vai te explicar o que fazer nessas situações.

- **Capacidade de organização:** a quantidade de ingredientes e de ferramentas de styling é enorme, por isso é preciso manter tudo organizado para garantir que você terá à sua disposição aquilo que precisa, na hora em que for necessário.

- **Comunicação:** uma boa comunicação é essencial. Se você fala uma coisa e o cliente entende outra, e vice-versa, o resultado pode não ser o esperado para quem te contratou. Então, por menor que seja a dúvida, pergunte! E, se perceber alguma hesitação no cliente, solicite que ele explique o que entendeu para garantir que está tudo claro.

- **Trabalho em equipe:** o trabalho em equipe é fundamental, bem como saber dar e receber ordens. Procure entender o papel de cada pessoa trabalhando no set, pois cada um tem suas responsabilidades. Isso o ajudará a perceber até que ponto você está contribuindo ou sendo invasivo.

- **Curiosidade ativa:** pois sempre podemos aprender e melhorar.

- **Habilidade manual e precisão:** garantem um resultado com bom acabamento.

- **Capacidade de observação:** atenção aos detalhes e ao todo. Observe de perto para garantir que tudo está bem-acabado, mas não se esqueça de olhar de longe. Mantenha os olhos na lente e veja o que será registrado para, se necessário, fazer correções e melhorias.

- **Experiência com os alimentos:** para entender o comportamento dos alimentos em diferentes processos. Saiba como trabalhá-los para obter o melhor resultado e garantir que fiquem fiéis ao real.

QUEM CONTRATA UM FOOD STYLIST?

Existem diversas aplicações para fotografia e vídeo de alimentos e bebidas, e em todos os casos um food stylist pode ser contratado. Mas, afinal, quem contrata um food stylist?

Falando da minha experiência pessoal, os primeiros contatos para trabalhar nessa área vieram de meus clientes de consultoria gastronômica, pois, frequentemente, eles precisavam de imagens dos pratos do restaurante para usar em seus cardápios. Para suprir essa necessidade de meus clientes, comecei a incluir o food styling como uma opção de serviço da minha consultoria. No entanto, é mais comum que donos de restaurantes busquem fotógrafos ou agências de publicidade (e não um food stylist, visto que muitos nem sabem que esse profissional existe), e então estes contratam um food stylist para auxiliar no preparo dos pratos.

Assim, os **fotógrafos** são grandes parceiros do food stylist. Conhecê-los e criar um bom relacionamento com eles é fundamental. Os clientes os contratam para fotografar para embalagens, cardápios, redes sociais, livros de receitas, revistas ou para qualquer situação em que uma fotografia de alimento possa ser necessária. Alguns fotógrafos são especializados em imagens de alimentos e frequentemente precisam contar com o trabalho de um bom food stylist.

Agências de publicidade também costumam ser contratadas por clientes para desenvolver campanhas que envolvem fotografias, imagens para comerciais de televisão, vídeos para redes sociais, vídeos de receitas para promover os produtos de uma marca, entre outras tantas aplicações.

Programas de gastronomia para a televisão ou YouTube também precisam de um food stylist e consultor para a criação de conteúdo gastronômico e receitas. Nesses casos,

produtores de canais de televisão e **produtoras de vídeo** independentes podem ser a porta de entrada para profissionais que queiram trabalhar no backstage desses programas. Outra possibilidade, embora mais rara, envolve **editoras** de revistas e de livros de gastronomia.

Bom, agora que você já sabe quais são os potenciais clientes para um food stylist, é só entrar em contato com eles e oferecer o seu serviço, certo? Na verdade, não é bem assim... Ninguém o contratará se você não tiver uma lista de clientes que comprove sua experiência na área e um bom website (ou mesmo um perfil no Instagram ou Facebook) para expor seu portfólio.

Uma forma de conquistar a experiência necessária na área é oferecer o seu trabalho para algum food stylist já estabelecido, atuando como seu auxiliar ou até mesmo como estagiário. Somente assim você entenderá toda a dinâmica do trabalho na área. Mas vale lembrar que o ofício de um food stylist não é leve, e o trabalho como assistente requer muitas horas trabalhando de pé, limpando e organizando o material, lavando a louça, fazendo compras e auxiliando no pré-preparo. E, ao final, quando todos já estão cansados, ainda vem a parte de limpar, organizar e guardar todo o material usado.

Esta experiência será um excelente teste para que você avalie se esta é realmente a área em que quer trabalhar, e de quebra vai te ajudar a construir um bom portfólio para alimentar as suas redes sociais e website com imagens do seu trabalho.

Para quem está iniciando na área, ter formação em gastronomia pode ser uma vantagem, já que é fundamental conhecer bem as características dos alimentos, as diferentes técnicas de preparos e pré-preparos, além de entender o comportamento dos ingredientes quando estes passam por diferentes processos. Por exemplo, a maioria dos legumes perde a sua cor viva ao passar por cocção, por isso, quanto menos cozidos, melhor para fotografá-los. No entanto, os brócolis adquirem uma coloração mais bonita quando são branqueados, processo que envolve cozinhá-los por alguns segundos e interromper o cozimento colocando-os em água gelada.

Outra forma de construir um portfólio é formando parceria com fotógrafos para criar imagens exclusivamente para esta finalidade e que poderão ser usadas por ambos os profissionais para promover seus trabalhos. O fotógrafo pode ter algum cliente potencial em mente e aproveitar esta oportunidade para produzir uma imagem com o objetivo de conquistá-lo para um trabalho. Pode ter certeza de que, se o cliente fechar o negócio, o fotógrafo fará o possível para te incluir no projeto.

Nesse cenário, o food stylist normalmente se responsabiliza pela compra dos ingredientes e faz o preparo dos alimentos para a fotografia que será enviada pelo fotógrafo para ser usada no seu portfólio. Já fiz isso algumas vezes, e mesmo que o cliente não tenha nos contratado, essa parceria rendeu belas imagens que mais tarde serviram para atrair outros clientes.

Quando você tiver construído um bom portfólio, abuse das redes sociais para desenvolver um perfil profissional. Construa a sua marca, conte sobre sua experiência, invista em um logotipo e em um site para expor o seu trabalho. O objetivo deste livro não é se aprofundar em construção de marca ou marketing digital, mas invista tempo para pesquisar sobre o assunto, afinal você será a sua marca.

Seguindo essas dicas, você aumenta as chances de conseguir um trabalho na área, mas lembre-se que um food stylist deve estar atento aos objetivos e necessidades de cada cliente, que podem variar muito entre eles.

Por exemplo, a fotografia para um cardápio pode ter a finalidade de conquistar o cliente e ajudar o restaurante a aumentar a venda de um prato, mas em outros casos os pratos podem ser coadjuvantes na história que está sendo contada. Para se ter uma ideia, já fui contratado para um comercial de televisão em que um dos pratos tinha que ser feio. É isso mesmo que você leu: feio! Eu nunca tinha trabalhado com o objetivo de produzir um prato que não fosse para despertar o apetite, mas isso estava no script e a minha função foi produzi-lo. Confesso que, para alguém que está acostumado a ter que fazer pratos para encantar e despertar a vontade de comer, foi um desafio. Mas deu tudo certo, e o prato ficou feio.

COMO FAZER UM ORÇAMENTO?

Os pedidos de orçamento podem vir de diferentes interessados, de um dono de restaurante que precisa de fotos para cardápio ou promoção em redes sociais (foi assim que comecei a trabalhar como food stylist), de um fotógrafo que já prospectou o cliente, de agências de publicidade, de produtoras de vídeos e de televisão, entre outras possibilidades, como já vimos anteriormente.

A primeira informação que precisamos saber para elaborar um orçamento é o número de pratos/preparos que serão necessários e quantas fotos ou quantos takes de vídeo o cliente quer para o trabalho. Com o tempo e à medida que ganhamos experiência, fica fácil entender qual é a nossa capacidade de produção por dia e planejar a distribuição ao longo dos dias disponíveis para o trabalho. Por exemplo, se um cliente precisa de dezesseis fotos e a nossa capacidade de produção é de oito por dia, planejamos o trabalho para dois dias. Isso ajudará na definição do orçamento, já que normalmente ele é feito com base em diárias de trabalho.

É bom ter em mente que algumas produções podem ser mais complexas, exigindo mais tempo para o styling de cada prato, por isso é importante especificar os detalhes do trabalho com o cliente e/ou com o fotógrafo (ou ainda o produtor de vídeo) para entender o que eles esperam que seja feito.

Algumas empresas podem contratar um food stylist para, além de fazer o styling para as fotos ou vídeos, desenvolver também receitas. Nesses casos, quem tem formação e experiência em gastronomia leva vantagem. Quando essa oportunidade surgir, considere o tempo necessário para o desenvolvimento das receitas no orçamento, já que será necessário realizar testes para o desenvolvimento delas, e a criação de receitas é um serviço extra. Você também pode optar por cobrar um valor por cada receita desenvolvida.

Algumas vezes, será necessário comprar e preparar os alimentos nos dias anteriores à produção das fotos e/ou vídeos para garantir um melhor rendimento, é o que chamo de diária de pré-preparo. Imagine ter que preparar e assar um bolo enquanto toda a equipe aguarda. Na maioria dos casos, a massa do bolo, assim como recheio e cobertura, são preparados com antecedência e montados na hora. Assim, quando toda a equipe contratada e os equipamentos estiverem a postos para o registro do prato, o food stylist se ocupará do styling, e não do pré-preparo dos alimentos. Temos que considerar que toda essa equipe também costuma ser contratada por diária de trabalho e, por isso, assim que eles estiverem preparados para fotografar ou filmar, a produção do food stylist tem que estar sendo finalizada. Novamente, considere a diária de pré-preparo e compras na composição do seu orçamento. É muito mais barato para o contratante pagar uma diária a mais para o food stylist antecipar as produções do que fazer toda a equipe esperar enquanto os alimentos são preparados.

Os custos de compra de insumos para o preparo dos pratos e testes de receitas variam muito de acordo com o que será produzido, e estes também devem ser considerados no orçamento. Combine com o cliente como isso será feito, se haverá uma verba com valor determinado para a compra ou se será realizado o reembolso. Em ambos os casos, guarde todas as notas e recibos. Você receberá o reembolso mediante a apresentação desses comprovantes, por isso compre apenas o que for referente ao trabalho com esse cliente. Caso opte por estipular uma verba fixa por produção, use os comprovantes para controlar os seus custos e saber se o valor que está cobrando é condizente. Se necessário, atualize o valor nos próximos trabalhos.

Quando falamos em compra de ingredientes para um trabalho de food styling, é importante

Criação de receitas e food styling para marca de alimentos. Fotografia por Pedro Ribeiro (Estúdio Malagueta).

garantir o necessário para poder refazer a receita e para poder escolher entre os insumos mais bonitos. Estamos falando de casting de ingredientes, e essa seleção já começa no momento da compra. Mas fique atento, porque de nada adianta comprar os produtos mais bonitos se eles forem amassados durante o transporte, por isso acondicione bem as compras para garantir que elas estejam bonitas para o dia da produção, ok? Esse assunto será abordado com mais detalhes no tópico "Casting e compras".

Ao longo do tempo, fui construindo um acervo para a composição da cena, assunto que vou abordar mais adiante no tópico "Produção artística". Esse acervo facilita a contratação do food stylist, mas há alguns profissionais que trabalham exclusivamente com a produção artística, usando acervo próprio ou alugando e comprando de acordo com a demanda do cliente.

Lembre-se: ao fechar um negócio com o cliente, descreva o que será feito, quais são suas responsabilidades, as responsabilidades do cliente e a forma de pagamento. Quanto mais clara e transparente ficar essa descrição, menores serão as chances de ocorrerem problemas.

Agora, basta você determinar qual será o valor da sua diária para poder elaborar o seu orçamento.

PLANEJAMENTO

Vamos falar de planejamento? Essa etapa é crucial para o sucesso do seu trabalho, independentemente da área em que atue. No caso do food styling, não é diferente. Um planejamento bem-feito exige uma certa capacidade de antecipação, de visualizar todas as etapas necessárias até chegar ao resultado desejado, mentalizando cada passo, pensando na ordem de execução de cada produção, cada ingrediente necessário, cada ferramenta. Isso fará com que você se prepare e tenha sucesso no seu trabalho, evitando retrabalhos e saídas do estúdio para comprar algum ingrediente que teve algum problema, e ainda vai fazer com que seus colegas e clientes te identifiquem como um verdadeiro profissional. Com o tempo, esse processo vai ficando mais fácil, mas ainda assim ele continuará sendo fundamental.

Mesmo que você não tenha experiência, existem algumas perguntas que vou propor aqui que ajudam no planejamento. Essas perguntas, é claro, podem variar de acordo com o tipo de trabalho, se é uma fotografia para redes sociais, para um cardápio, ou se é um vídeo publicitário. O importante, nesse caso, é conseguir o máximo de informações possível, porque, quanto mais informações você tiver, melhor será o planejamento.

PERGUNTAS QUE PRECISAMOS FAZER PARA REALIZAR O PLANEJAMENTO

- **Qual o objetivo da produção?** Qual o produto foco da produção, qual é a informação que se quer transmitir?

- **Quais as características da foto/vídeo?** É para vídeo, foto de cardápio, outdoor? Qual ângulo e formato será trabalhado? Caso seja para vídeo, é importante saber se a comida tem que ser comestível, porque isso influenciará no planejamento da produção, por exemplo.

- **Quantas fotos/cenas?** Liste cada foto ou cena e identifique quantos pratos/preparos serão necessários para cada.

- **Qual é o foco de cada foto/vídeo?** Descreva cada foto/cena. Qual é o produto que se pretende vender? Por exemplo, a carne, a tábua, o tempero? O que vai compor o cenário? O cliente tem exemplos do que gostaria de ver na cena?

- **Qual é a identidade visual?** Quais foram as referências enviadas pelo cliente? Com base nelas, elabore um moodboard com as cores e texturas para cada imagem; se necessário, desenhe um croqui para ajudar a visualizar os elementos do cenário e produção. É importante validar essas informações com o responsável da empresa contratante.

- **Quais são os preparos necessários para os pratos/bebidas?** Liste todos os preparos necessários e o que será preciso comprar para prepará-los.

- **Quais itens de produção de objetos preciso levar?** Caso você seja responsável pela produção do cenário, defina quais itens serão necessários para cada imagem usando o moodboard aprovado pelo cliente.

- **Possui receita específica para os preparos?** Em alguns casos, é possível ter que replicar alguma receita, por isso garanta que você receba essa informação com antecedência para poder estudá-la e fazer a lista de compras.

- **Qual a data do trabalho?** Confirme com o contratante a data do trabalho e planeje-se para realizar as compras e fazer pré-preparos, caso necessário.

- **Quanto tempo tenho disponível para cada produção?** Com base na quantidade de preparos que você terá que produzir e no tempo total disponível, é possível ter uma média de tempo para cada preparo. Por exemplo, se temos dez horas para produzir seis fotos, teremos um pouco mais de uma hora e meia para cada foto. Durante a diária, acompanhe o tempo médio de cada produção para garantir que consiga fazer todos os preparos combinados.

- **Qual a ordem dos preparos?** Junto com um responsável, que neste caso normalmente é o fotógrafo, defina uma ordem de produção considerando variáveis como quais produções terão o mesmo ângulo ou iluminação, quais preparos levam mais tempo para ficarem prontos, as produções com um mesmo cenário, entre outras, para definir um cronograma. No caso de produções de vídeo, normalmente a agência de publicidade vai definir a ordem das cenas, então teremos que respeitá-las.

- **Onde será a locação das fotos e vídeo?** Saiba com antecedência o endereço da locação para planejar o tempo que você vai levar até chegar ao local. Pergunte se é necessário algum tipo de autorização para acessar a locação.

- **Qual a estrutura disponível para o food styling?** Para poder se planejar, é muito importante saber qual a estrutura disponível, os equipamentos, a área de preparo, o espaço de armazenamento refrigerado, se possui eletricidade e qual a voltagem e se é necessário levar ou alugar equipamentos. Se houver a necessidade de alugar equipamentos, informe ao cliente.

- **A lista de compras está pronta?** Com base no que já foi levantado, elabore uma lista de compras e considere possíveis ingredientes para a produção de cena. Se puder comprar itens prontos ou pré-prontos, desde que atendam às necessidades da produção, não hesite, pois isso poupará tempo; eu prefiro comprar massa de bolo pronta de um fornecedor de confiança do que fazer do zero, por exemplo.

- **Onde serão realizadas as compras?** Pesquise quais os melhores fornecedores para os ingredientes necessários e se é possível comprar tudo no mesmo lugar. Isso poupará um tempo precioso. Pesquise os fornecedores no entorno da locação para se preparar para imprevistos.

Outras questões importantes:

- Quanto tempo disponível tenho para o pré-preparo?
- O cliente enviará o produto principal (o protagonista)?
- Quantas pessoas serão necessárias para a equipe de food styling?
- Qual o horário da primeira foto?
- Quais ferramentas serão necessárias para a produção?
- A finalização envolverá uma equipe de limpeza?

NO DIA DO STYLING

Um dia de trabalho envolvendo food styling pode variar muito de acordo com as peculiaridades e necessidades que devem ser identificadas na etapa de planejamento. Ainda assim, compartilho aqui algumas dicas que podem ajudar neste dia:

- Chegue com antecedência e procure algum responsável para se informar onde será o local de trabalho. Aproveite para se ambientar.

- Identifique de que maneira serão armazenados os ingredientes e acondicione-os tomando os cuidados necessários para a sua preservação.

- Defina e organize sua área de produção, onde você vai trabalhar com a comida, e mantenha sempre uma lixeira grande por perto. Defina também a área para organizar suas ferramentas e objetos de produção (caso você seja responsável pela produção de cenário).

- Reveja o cronograma de produção com o fotógrafo ou responsável.

- Adiante qualquer processo possível. Considere antecipar as produções mais demoradas ou que requerem tempo de espera.

- Comece as produções seguindo o cronograma.

- Mantenha sua praça de trabalho sempre limpa e organizada. Mas, antes de jogar qualquer produção fora, certifique-se de que ela não será usada novamente.

- Ao final, descarte os alimentos e procure identificar, no saco de lixo, que esses alimentos estão contaminados, para evitar acidentes. Ingredientes que não foram usados e que estão em condições de consumo podem ser armazenados. Para isso, confirme com algum responsável quais são as ações para direcionar essas sobras.

- Limpe sua área de trabalho e suas ferramentas, e organize tudo, mas não guarde nenhum item molhado para não ter surpresas desagradáveis quando for usá-lo novamente.

CASTING E COMPRAS

O processo de casting, que no caso de um food stylist é a seleção dos ingredientes que aparecerão na foto ou vídeo, tem início já durante as compras. É por isso que tudo começa com uma lista de compras bem elaborada, passando pela escolha do local das compras, seleção dos ingredientes, além do transporte e acondicionamento dos produtos.

Um bom planejamento resultará em uma **lista de compras** à prova de erros ou, pelo menos, que minimize as chances de eles ocorrerem. Para isso, temos que pensar em todos os preparos que serão realizados e listar os ingredientes de cada um deles.

É muito comum ter que refazer um prato ou substituir algum ingrediente, por isso compre sempre o dobro do necessário para produzir cada cena. No caso de ingredientes com mais destaque nas imagens, como um pão para hambúrguer, aumente para, no mínimo, três vezes essa quantidade.

O local onde as compras serão realizadas também deve ser avaliado com atenção. Alguns **fornecedores** são especializados em produtos específicos, como uma padaria, açougue ou um empório de produtos naturais. Conheça e selecione os melhores fornecedores da sua região, e, caso seja necessário fazer compras em outra cidade, faça uma pesquisa na internet e converse com pessoas que você conheça nesta cidade. Agora, se você conhece um fornecedor no qual é possível encontrar todos os ingredientes com alta qualidade, aí temos o melhor dos mundos, porque você economizará um tempo precioso do seu trabalho.

Seja exigente na **seleção dos itens** que vai comprar. A qualidade desses ingredientes tem grande influência no resultado do food styling, principalmente quando se trata de fotografia. Ao longo da parte II, "Técnicas de food styling", serão abordados mais profundamente os cuidados com a seleção de diferentes ingredientes.

Caso tenha sido acordado com o cliente que as compras serão reembolsadas, lembre-se de realizá-las exclusivamente para o cliente, não inclua compras pessoais na mesma nota. Se precisar fazer compras pessoais, compre separadamente para que seus itens não estejam na nota que o cliente vai receber.

De nada adianta ser meticuloso na escolha dos ingredientes no processo de compras e amassá-los durante o **transporte**, por isso essa é uma etapa que não pode ser negligenciada. Abuse das caixas para **armazenar** os ingredientes; se bem usadas, elas ajudarão a mantê-los íntegros e em perfeito estado.

Particularmente, gosto muito de caixas grandes, porém baixas, com uma borda que permite que sejam empilhadas. O interessante de usar caixas baixas empilháveis é que os ingredientes não ficarão sobrepostos, evitando, assim, que sejam amassados. Esse modelo é muito usado por fornecedores de frutas mais finas, justamente porque preservam sua integridade.

Caso o seu cliente seja uma marca de produto alimentício, é comum que ele envie os produtos que serão fotografados. Neste caso, peça uma quantidade grande, já que eles serão os protagonistas. Ainda que os produtos industrializados tenham um padrão de produção, é importante ter em mãos um número suficiente para escolher o mais bonito. Afinal, eles estarão em destaque e você vai querer que eles estejam impecáveis.

A compra de itens não perecíveis pode ser feita com antecedência, mas alguns itens precisam estar frescos, por isso o ideal é comprá-los um dia antes do styling. Temperos frescos, como manjericão, podem ser comprados plantados em vasinhos, porque assim a durabilidade deles é bem maior. Para as folhas, uma dica é guardá-las na geladeira em um pote plástico coberto com duas ou três camadas úmidas de papel-toalha, para manter o frescor.

Todo esse processo de compras culmina no momento de escolha dos ingredientes que serão usados na produção, aqueles que serão os protagonistas da foto ou vídeo. Avalie com muita atenção os ingredientes e selecione os que estiverem mais bonitos. Se possível, identifique de alguma forma os três primeiros colocados na sua seleção e mantenha-os em um lugar seguro. Sério, isso é muito importante, você não vai querer que seu protagonista seja amassado ou comido.

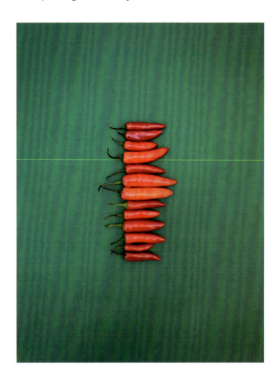

FERRAMENTAS DO FOOD STYLING

Desde as primeiras food stylists, lá na década de 1960, ferramentas de outros ramos e aplicações são adaptadas para auxiliar na montagem de pratos perfeitos para fotografia ou vídeo, e até hoje não existem utensílios desenvolvidos especificamente para essa função. Assim, ao longo dos anos, os profissionais da área continuaram agregando diversos outros materiais e equipamentos ao curioso arsenal de um food stylist.

Neste tópico, apresento as principais ferramentas usadas para o food styling e como podemos aplicá-las ao nosso trabalho, ainda que cada food stylist possa usar diferentes ferramentas e técnicas para um mesmo objetivo.

INGREDIENTES

Acetona: para remover marcas de embalagens, como datas de validade impressas.

Angostura: usada para tingir alimentos. É um dos ingredientes da mistura que uso para pintar proteínas. A angostura também pode ser usada pura para dar uma coloração mais avermelhada, trazendo um aspecto de carne malpassada.

Caramelo líquido: preparo coringa usado para tingir proteínas e dar aspecto de tostado ao pão e outros pratos assados. Ver no tópico "Tintas" a receita do preparo do caramelo.

Cola branca: substituto perfeito para o leite por ser mais espesso e não hidratar os outros ingredientes mergulhados nele. Misture-a com um pouco de leite integral se quiser um líquido mais fluido e, ainda assim, espesso e mais branco.

Corantes comestíveis: para tingir alimentos, como carnes e sorvetes.

Desodorante: para criar aspecto de copo gelado, pode ser usado em conjunto com as gotinhas de glicerina.

Fixador de dentadura: para segurar o alimento no lugar desejado e, assim, evitar que fique deslizando, mas só funciona se houver umidade para ativar a fixação. Também pode ser usado para preencher buracos em proteínas que serão pintadas.

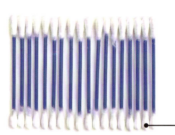

Gel de confeiteiro: também conhecido como gel de brilho, uma fina camada desse produto pode ser passada basicamente sobre qualquer ingrediente que precisa de aspecto de brilho e suculência, mas o resultado no queijo fica especialmente bom.

Glicerina: misturada com água, é usada para ressaltar o frescor de ingredientes, como frutas e folhas, e também para dar o aspecto de bebida gelada em copos e garrafas.

Glucose de milho: é muito versátil e faz parte do kit básico de todo food stylist, sendo usada na composição de tintas para pintar e dar brilho às carnes e na receita de massa de sorvete fake. A versão transparente pode substituir a glicerina para fazer as gotas de copo transpirando ou de alimentos frescos. É também usada para dar brilho em doces, e pode substituir o mel (caso seja da mesma tonalidade).

Goma xantana: espessante, pode ser usada para engrossar molhos. Mas deve ser usada com cuidado, pois em excesso pode ficar com efeito granulado.

Hastes flexíveis: ajudam na limpeza de respingos de molhos e em pequenos detalhes.

Limpa-vidro: usado para manter as superfícies de copos e pratos limpos e sem marcas. Também pode ser aplicado para retirar o excesso de gordura de proteínas para garantir a fixação da pintura.

Massa de modelar: para posicionar e firmar itens, como deixar uma laranja parada na posição desejada sem que ela role.

Molho de soja (shoyu): para tingir e pintar ingredientes e tingir líquidos para fazer chá, café, entre outras bebidas.

Molho tarê: para tingir, pintar e dar um acabamento suculento às proteínas.

Páprica: compõe a tintura de proteínas, proporcionando um acabamento mais rústico.

Sal de frutas: pode ser usado para gerar gás em bebidas.

Spray de cabelo: pode ser usado para impermeabilizar a superfície de alimentos, como pães e bolos, retardando a sua hidratação quando for adicionar alguma cobertura ou molho. Também dá um brilho uniforme e aveludado a folhas e frutas.

Spray lubrificante multiúso para mecanismos: dá um brilho acetinado e uniformiza a superfície de alimentos como bolos, pães e massas escuras (por exemplo, o brownie).

Spray para untar fôrma: dá brilho e aparência de umidade e de comida quentinha (mesmo que esteja fria) a vários tipos de alimentos, principalmente proteínas.

Supercola: ela tem uma infinidade de aplicações, como colar proteínas e outros ingredientes, substituindo em alguns casos o alfinete. Tenho certeza de que você vai descobrir finalidades para a supercola que nem eu imaginei ainda.

Verniz fosco em spray: para dar o efeito opaco em copos e garrafas geladas.

Vinagre: misturado à água, ele evita que algumas frutas escureçam depois de picadas ou descascadas. O suco de limão também tem o mesmo efeito.

UTENSÍLIOS E OUTROS OBJETOS

Alfinetes: para posicionar e fixar os ingredientes na posição desejada.

Algodão: usado para preencher e dar volume a alimentos recheados.

Arame: para ajudar a posicionar itens.

Aro: de diversos formatos e tamanhos.

Bandejas de isopor: ótimas para se usar como apoio de utensílios e pincéis para evitar sujar o set e também para acondicionar alguns ingredientes. Elas facilitam muito o trabalho por serem descartáveis. Mas isso não significa que você precisa comprar um monte de bandejas de isopor, basta lavar e reaproveitar as que vêm com alimentos do supermercado, por exemplo.

Barbantes: de diferentes cores, para amarrar carnes, frango, entre outros. Também têm efeito decorativo.

Bowls: em quantidade e de diferentes tamanhos, ajudam a manter a organização.

Caneta marca-texto: para realçar o que for importante.

Colher de sorvete: para aquela bola de sorvete perfeita, a colher de sorvete com ejetor é melhor.

Colheres e copos medidores: são fundamentais para medir ingredientes.

Conta-gotas: para posicionar gotas de água ou outro líquido em pontos específicos da comida e dar aspecto de frescor.

Descascador de legumes: agilizam o trabalho de descascar frutas e legumes mais firmes.

Espátulas: ajudam a transportar e posicionar os alimentos sem desmontá-los.

Espetos de metal: basta aquecê-los na chama do fogão para criar marcas de grelhado em diferentes alimentos.

Esponjas de maquiagem: usadas para preenchimento ou para limpar superfícies.

Estilete: para cortar ingredientes e outros itens, como lâminas de isopor.

Facas: de diferentes tipos e tamanhos para obter cortes precisos de acordo com o que se deseja. É importante que estejam afiadas.

Funil: para colocar líquidos em copos ou garrafas sem sujar as bordas.

Gelo de acrílico: substitui o gelo nas imagens sem nunca derreter ou esfriar a bebida.

Lâminas de isopor: usadas para estruturar camadas entre os ingredientes. É um elemento essencial.

Palito de bambu ou ohashi: útil para fazer espuma em cerveja e, dependendo da sua habilidade, pode ser usado para posicionar alguns itens no cenário.

Palitos de madeira: assim como os alfinetes, são usados para posicionar e fixar os ingredientes.

Papel-toalha: é um dos coringas do kit do food stylist, usado para fazer preenchimento, limpar superfícies, forrar áreas que não podem sujar e secar.

Pinças: de diferentes formatos para posicionar e remover pequenos ingredientes.

Pincéis: de diferentes tamanhos e formatos, são usados para pintar a comida, passar óleo ou água para dar aspecto mais bonito e fresco, espalhar algum molho para obter um aspecto de maior fluidez.

Saco de confeitar: usado para confeitar bolos, mas também para posicionar molhos e recheios, e alcançar locais estratégicos. Pode substituir o funil para servir bebidas.

Seringas: para posicionar molhos ou líquidos com precisão, criar gotas ou ainda remover líquidos.

Sprays e borrifadores: para borrifar líquidos em alimentos, trazendo um aspecto de frescor; em copos e garrafas, para dar aspecto de gelado; e em ingredientes que ressecam, para reidratar.

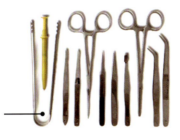

Tesoura: de diferentes tipos e formatos, são usadas para dar acabamento ao corte de carnes, pães e outros ingredientes.

Muitos outros utensílios são usados, como:
- abridor de latas;
- bico de confeitar;
- conchas para molho;
- fita-crepe;
- gás para maçarico e/ou fogareiro;
- isqueiro;
- mandolim;
- panelas;
- peneiras;
- ralador;
- tábuas de corte;
- talheres;
- zester.

PARA LIMPEZA

Álcool: para limpeza de superfícies.

Detergente.

Esponja: use esponjas que não riscam quando for lavar itens do acervo de produção.

Filme plástico: usado para conservar os alimentos.

Luvas: para manter os utensílios sem marcas de dedos.

Palha de aço.

Papel-toalha: muito útil tanto para styling quanto para a limpeza.

Sacos de lixo: de diferentes tamanhos, para manter a locação limpa.

Sacos plásticos: para guardar alimentos.

Toalhas de louça.

EQUIPAMENTOS E OUTROS

Dependendo da locação onde o trabalho será realizado e do que será preparado, alguns equipamentos podem ser necessários. Você pode ter alguns deles no seu kit, e outros podem ser alugados.

Acendedor elétrico de carvão: para criar marcas de grelhado.

Banco dobrável.

Caixas térmicas: podem ser usadas para manter a temperatura dos alimentos.

Fatiador de frios: pode ser usado para algumas produções quando houver a necessidade de fatiar os frios, assim é possível manter a qualidade e controlar a espessura do corte.

Ferro de passar: para tirar vincos de tecidos que serão usados na produção.

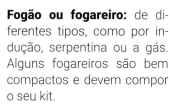

Fogão ou fogareiro: de diferentes tipos, como por indução, serpentina ou a gás. Alguns fogareiros são bem compactos e devem compor o seu kit.

Forno elétrico: um item que também vale o investimento, mas, caso você não tenha, é possível alugar.

Liquidificador.

Maçarico: para finalizar carnes, derreter queijo, dar aspecto de gratinado. Tenha sempre em mãos gás extra.

No caso de equipamentos elétricos, lembre-se de verificar a voltagem e de sempre retirá-los da tomada para limpar. Embale bem os líquidos para evitar que vazem durante o transporte e mantenha produtos inflamáveis longe do fogo ou de fontes de calor. Caixas organizadoras de diferentes tamanhos ajudam a manter tudo em ordem.

Caso alguém tenha que consumir o que será preparado, leve sempre em consideração a segurança alimentar.

Mesa dobrável: porque superfície de trabalho extra nunca é demais.

Micro-ondas: útil para derreter chocolate, tostar bacon ou mesmo para esquentar algum líquido para gerar vapor.

Minimixer: excelente para criar espumas ou bolhas e até mesmo para misturar líquidos.

Mixer: um equipamento versátil e de baixo custo em que vale a pena investir para ter no seu kit.

Processador: muito usado em receitas para bolos, mas também para o preparo de sorvete, entre outros.

Refrigerador ou freezer: dependendo da locação, ter espaço de armazenamento refrigerado é imprescindível. Não se trata de segurança alimentar, já que normalmente ninguém vai comer o que será preparado, mas a refrigeração preserva melhor alguns ingredientes.

Soprador térmico: para aquecer e secar alimentos, e derreter queijos e outros ingredientes.

Outros itens úteis para se ter em mãos:
- extensão;
- adaptador de tomada;
- transformador.

Fotografia por Pedro Ribeiro (Estúdio Malagueta).

TINTAS

Existem diferentes ingredientes – comestíveis ou não – e misturas que podem ser usados para tingir alimentos. E não estou falando aqui apenas dos corantes comestíveis, mas de ingredientes que não são necessariamente usados com o objetivo de tingir os alimentos, mas que funcionam muito bem para essa finalidade.

Aliás, os corantes possuem a sua aplicação no food styling, mas, de modo geral, não são tão indicados porque são altamente concentrados e, depois de aplicados, é praticamente impossível removê-los.

Basicamente, essas tintas são usadas para pintar proteínas e transmitir aquele aspecto de assado, de marcas de tostado ou grelhado, já que para obter um bom resultado para foto ou vídeo as carnes e alguns vegetais passam por uma cocção bem mais curta e não atingem uma cor apetitosa.

Quando grelhamos uma carne, é fácil perceber que seu volume diminui por causa da perda de líquidos e encurtamento de suas fibras, o que faz com que ela perca a forma e o aspecto que tanto queremos. É por isso que elas passam por uma cocção muito curta, apenas para selar e dourar levemente a sua superfície, e é aí que entram as tintas. Dependendo do tipo de proteína e das características que se quer obter, podemos usar diferentes ingredientes, misturas e até mesmo uma combinação deles.

INGREDIENTE-BASE PARA TINTAS

Existem alguns ingredientes que, por si só, já são excelentes corantes para tingir proteínas e outros alimentos, mas que servem também como base para compor diferentes tintas, com diferentes resultados. Todos eles vão nos ajudar a trazer aquela tonalidade de tostado, dourado, amarronzado, típica de alimentos que passam por algum tipo de cocção. Essas são as principais bases que uso:

- **Molho de soja (shoyu):** cria uma cobertura fina de tom marrom-dourado. É usado quando o processo de pintura da proteína não exige uma cobertura espessa, mantendo uma camada mais translúcida. Quando uma proteína ficar muito tempo exposta e ressecar, o molho de soja umedece e revive aquele aspecto de frescor.

- **Molho tarê industrializado:** tem um tom marrom-dourado parecido com o do molho de soja, mas proporciona uma camada mais espessa. Dá cobertura brilhosa com efeito mais suculento e úmido, bom para ensopados, caçarolas e para quando a proteína passa por algum processo de cocção que cria uma camada mais úmida na sua superfície.

- **Angostura:** tem uma coloração vermelho-alaranjada e textura líquida, como a do molho de soja. Por sua coloração, funciona bem para mimetizar o suco da carne e para criar um aspecto de malpassada. Também pode ser usada em preparos como pães ou biscoitos assados, passando nas suas bordinhas para proporcionar um efeito de tostado.

- **Caramelo:** superversátil, o caramelo é o casamento entre molho de soja e angostura, só que mais concentrado e espesso (mas não tão espesso quanto o tarê). No entanto, pode ser diluído com água ou óleo. A seguir, passo a receita e o modo de preparo do caramelo que uso.

CARAMELO

O caramelo é uma receita que uso muito e rende bastante. É basicamente açúcar queimado diluído em água, e é superversátil! Não costumo utilizá-lo sozinho, prefiro compor as tintas com outros ingredientes para obter um resultado mais complexo e realista, mas ele sozinho já é uma tinta ótima que pode ser usada em uma enorme variedade de preparos!

INGREDIENTES
- 500 g de açúcar refinado
- 300 mL de água

MODO DE PREPARO

Coloque o açúcar em uma panela, acenda o fogo médio e deixe queimar, sem mexer. Quando estiver com uma coloração marrom bem escura, vai começar a sair fumaça e ficar com um cheiro forte de queimado. Nesse ponto, adicione a água e desligue o fogo. Tome muito cuidado nesta etapa para não se queimar, porque a água em contato com o açúcar quente pode borbulhar e respingar. O caramelo vai endurecer, como uma espécie de bala preta, então basta ter paciência e mexer muito para misturar até que a água seja incorporada, transformando-o em caramelo líquido. Agora, é só guardar em um pote com tampa de rosquear e levar com você em todos os trabalhos de food styling.

FOOD STYLING: ENTENDA O QUE É

TINTAS DE ACABAMENTO

As tintas de acabamento dão aquele efeito de torradinho, tostado, de pontinhas e arestas queimadas, em pães, tortas ou até mesmo proteínas assadas. Algumas dessas tintas são:

- caramelo;
- angostura;
- corante em gel marrom;
- pasta para polir sapatos preta;
- pasta para polir sapatos marrom.

O caramelo e a angostura são as tintas que mais uso para essa finalidade.

TINTAS PARA SIMULAR CARNE MALPASSADA

Existem alguns truques que podem te salvar quando você precisar de uma proteína mais malpassada, com aquele suquinho extra e aquela umidade que dá água na boca. Com um pincel com cerdas bem macias, coloque aos poucos no interior do corte da carne algum destes ingredientes para conseguir esse efeito:

- angostura;
- água com corante vermelho;
- suco de beterraba;
- água do cozimento da beterraba; ou
- chá de hibisco.

TINTAS – CARNE BOVINA

ACABAMENTO LISO

Esta mistura pode ser usada para tingir o exterior de steaks, burgers, grelhados e churrascos. A receita a seguir permite várias demãos de tinta, quanto mais demãos, mais bem passada ela vai parecer.

RECEITA

- 2 colheres (sopa) de "Caramelo"
- 1 colher (chá) de molho de soja
- 1 colher (chá) de angostura
- 1 colher (chá) de glucose de milho
- ½ colher (chá) de secante para máquina lava-louças

ACABAMENTO SUCULENTO

Esta receita funciona muito bem em carnes ensopadas, salteadas, em tirinhas com legumes, porque proporciona aquele acabamento mais brilhoso, úmido e suculento.

RECEITA

- 2 colheres (sopa) de molho tarê
- 1 colher (sopa) de molho barbecue
- 1 colher (chá) de angostura
- 1 colher (sopa) de molho de soja ou café forte
- 2 gotas de "Caramelo"

Caso você queira obter uma tonalidade mais translúcida, basta diluir esta receita com glucose de milho. Para um acabamento mais avermelhado, substitua uma das duas colheres de tarê por uma colher de ketchup.

ACABAMENTO RÚSTICO

Esta tinta tem um acabamento parecido com a tinta de acabamento liso. Ela forma uma camada homogênea, mas com um toque de rusticidade que é dado pelos grãos dos temperos em pó e moídos. Essa opção funciona muito bem para assados, caçarolas e braseados. Eu adoro essa tinta!

RECEITA

- 1 colher (sopa) de "Caramelo"
- 1 colher (sopa) de molho tarê
- 1 colher (sopa) de molho de soja
- 1 colher (chá) de angostura
- ½ colher (chá) de páprica
- ½ colher (chá) de ervas finas bem moídas

ACABAMENTO RÚSTICO EM PASTA

Esta tinta em pasta é a que dá o acabamento mais rústico, com uma cor mais escura, textura mais grossa e ainda mais resíduos de temperos. Ótima para assados, caçarolas e preparos estilo pratos de caça.

RECEITA

- 1 colher (sopa) de molho de soja
- 1 colher (sopa) de angostura
- 2 colheres (sopa) de azeite
- 1 colher (sopa) de glucose de milho
- 1 colher (chá) de "Caramelo"
- 1 colher (chá) de páprica
- 1 colher (chá) de ervas finas
- 1 colher (chá) de chimichurri desidratado

Exemplo de tintas com acabamento liso, suculento e rústico, nesta ordem da esquerda para a direita.

TINTAS – AVES E SUÍNOS

As tintas usadas para aves e suínos têm algumas diferenças em relação às usadas na carne bovina, porque elas precisam ser um pouco mais claras e amareladas.

ACABAMENTO LISO

Ideal para aves ou suínos assados, não deixa resíduos e tem longa durabilidade. Veja no tópico "Frango assado dourado" como ela é usada.

RECEITA

- 2 colheres (sopa) de "Caramelo"
- 1 colher (chá) de angostura
- 1 colher (chá) de molho de soja
- ½ colher (chá) de secante para máquinas de lavar louça
- 2 gotas de detergente de louças neutro

ACABAMENTO SUCULENTO

Esta tinta tem um acabamento mais brilhoso, úmido e suculento, e é ideal para ensopados, salteados, tirinhas de frango com legumes.

RECEITA

- 3 colheres (sopa) de molho tarê pronto
- 1 colher (chá) de molho de soja
- 2 gotas de "Caramelo"

Para obter uma tonalidade mais translúcida, basta diluir esta receita com glucose de milho. Para um acabamento mais avermelhado, substitua uma das duas colheres de tarê por uma colher de ketchup.

ACABAMENTO RÚSTICO

Esta tinta cria uma película lisa e homogênea, mas com um acabamento mais rústico, que é obtido por meio dos temperos moídos e em pó. Ela pode ser usada para assados, caçarolas e braseados. Eu gosto muito do resultado desta tinta.

RECEITA

- 1 colher (sopa) de "Caramelo"
- 1 colher (sopa) de molho de soja
- 1 colher (chá) de angostura
- ½ colher (chá) de secante para máquina lava-louça
- ½ colher (sopa) de glucose de milho
- ½ colher (chá) de páprica
- ½ colher (chá) de ervas finas bem moídas

ACABAMENTO RÚSTICO EM PASTA

Esta pasta dá um acabamento ainda mais rústico a aves e suínos, proporcionando uma cor mais escura e com mais resíduos de temperos. Ótima para assados, caçarolas e preparos estilo pratos de caça.

RECEITA

- 1 colher (sopa) de molho de soja
- 1 colher (sopa) de angostura
- 1 colher (sopa) de azeite de oliva
- 1 colher (sopa) de glucose de milho
- 1 colher (chá) de páprica
- 1 colher (chá) de ervas finas
- 1 colher (chá) de chimichurri desidratado

Todas as tintas apresentadas aqui podem ser preparadas com antecedência, basta guardá-las em um pote com tampa rosqueável para evitar que vazem. Isso já aconteceu comigo, e não é nada legal! Armazene bem também os corantes pelo mesmo motivo.

Essas receitas de tintas são fruto da minha experiência nesta área. Procurei padronizar em forma de receita e descrever os resultados para você. Na prática, nem sempre tenho todas essas misturas prontas, apenas as bases e os ingredientes que misturo na hora para obter o resultado que quero.

Se você ainda não tiver experiência com o resultado de todos esses ingredientes, recomendo que leve a mistura pronta, lembrando de identificar de alguma forma a embalagem em que for armazenada.

Antes de utilizar qualquer tinta, faça um teste, de preferência em alguma parte do próprio alimento que não ficará exposta, para que você tenha certeza do resultado e atinja o seu objetivo.

PRODUÇÃO E COMPOSIÇÃO

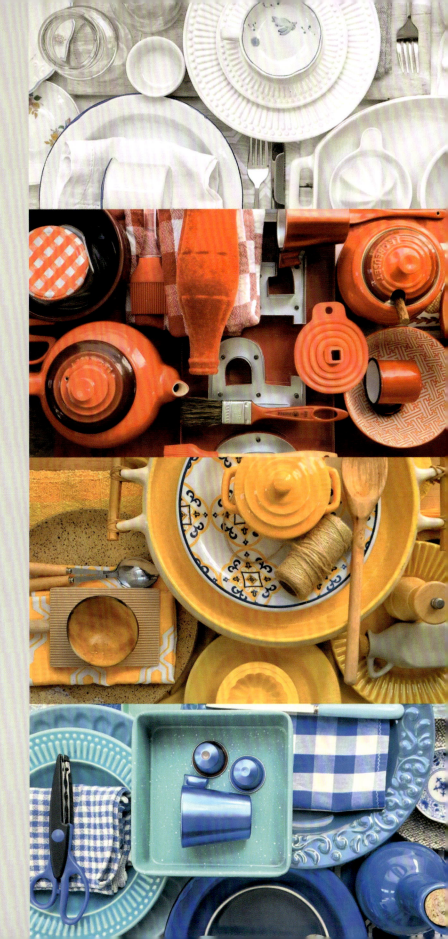

> **"NÃO PERCA TEMPO COM ALGO QUE NÃO APARECERÁ NA CENA, USE O ESPAÇO APARENTE DA MELHOR FORMA E NÃO FOQUE ALGO IRRELEVANTE."**

Você tem me visto falar aqui de produção de cena, mas, afinal de contas, o que é essa tal produção de que tanto falo?

É importante destacar que a produção de cena não é food styling. Food styling é o preparo dos alimentos, já a produção de cena se refere à escolha dos objetos que vão compor a imagem. Existem casos em que uma pessoa executa as duas funções em um mesmo projeto, enquanto em outros cada profissional foca exclusivamente na sua área. Portanto, a produção de cena nada mais é do que a seleção, composição e posicionamento de todos os itens que serão usados na cena com o objetivo de contar uma história e fazer com que essa história seja absorvida rapidamente pelo espectador. Esse processo pode passar pela escolha de uma mesa, um guardanapo, prato, talher e até mesmo algum ingrediente relacionado ao objetivo da foto, formando um conjunto coerente de elementos coadjuvantes que são pensados para serem esteticamente bonitos e destacar o protagonista da foto, ou seja, eles não devem roubar a atenção.

O food stylist tem que se acostumar a olhar com frequência para a câmera, para aquilo que está aparecendo na cena, no que está enquadrado, no ângulo que está visível, e fazer o seu trabalho considerando esse enquadramento. Não perca tempo com algo que não aparecerá na cena, use o espaço aparente da melhor forma, e não foque algo irrelevante.

Neste capítulo, vou abordar questões que considero importantes na construção de uma composição, como:

- **Storytelling** e a importância de transmitir uma história por meio da imagem.
- **Identidade visual** e como elaborar um conceito para as imagens.
- **Cores** e como combiná-las.
- **Iluminação**, suas variações e como ela influencia na história que está sendo contada.
- **Camadas**, todas as etapas que podem envolver a composição de uma cena.
- **Posicionamento e composição**, as formas de construir uma cena visualmente harmoniosa.
- **Ângulos de visão**, como a posição da câmera é determinante para o posicionamento dos itens e do styling do alimento.
- **Fundos**, o elemento-base de uma composição, que pode ser invisível.
- **Produção artística**, selecionando os itens que vão compor a cena.

STORYTELLING

Sim, uma imagem pode – e deve – contar uma história. As histórias geram conexão, fazem o observador se sentir participando da cena e geram também engajamento. Quando a imagem envolve comida, existem vários aspectos que precisamos considerar ao longo de toda a produção da cena para que haja coerência.

Existem questões subjetivas relacionadas a uma imagem que são assimiladas mesmo sem percebermos. É o caso da iluminação, por exemplo. O ângulo de incidência e a coloração da luz já nos indicam algo sobre o horário da cena, e isso ocorre de maneira inconsciente. Por isso, um alimento que é consumido pela manhã normalmente será fotografado com uma iluminação que imite a luz matinal, caso contrário o nosso cérebro identificará essa inconsistência e despertará uma sensação de estranheza, de que existe algo de errado com essa imagem.

Imagine esta cena: um prato de massa servido em uma mesa com uma toalha xadrez vermelha e branca, com duas taças de vinho, uma rosa e uma caixa de chocolates, e ao lado um montinho de farinha com um ovo quebrado no topo. Estes ingredientes estão ligados ao preparo da massa em si, mas não dialogam com a história do jantar romântico que está sendo contada pelo restante da produção, não é? Vamos além, imagine ainda esta cena com uma luz forte e bem esbranquiçada (fria). Vai parecer que o jantar foi servido na farmácia, e não em um restaurante aconchegante.

Por isso é importante afinarmos o nosso olhar quando observamos uma imagem, e fazer isso de maneira crítica. Quais são os objetos e ingredientes usados, o que eles informam na imagem, quais as cores e o tipo de iluminação, qual a ambientação. Tudo isso conta uma história, e aí você pode se aprofundar neste tema.

Por sorte, conheço uma jornalista que entende tudo de gastronomia, é especializada em storytelling e branding, e que, por acaso, é uma grande amiga e parceira de trabalhos e cursos. Estou falando da Érica Araium, que fez a gentileza de resumir um pouco o assunto storytelling. A Érica é a criadora da marca Diálogos Comestíveis, com canais em que publica um conteúdo riquíssimo e superatual sobre o cenário gastronômico e tendências com uma pitada de sustentabilidade. Juntos nós temos também um projeto que chamamos "De comer com os olhos", que faz parte do subtítulo deste livro. Então, vamos ao assunto para saber um pouco mais sobre storytelling.

ÉRICA ARAIUM
sobre storytelling

"A ideia, aqui, não é exagerar na dose de academicismo, longe disso (até porque nem é o estilo do querido Juliano Albano). Mas, como boa parceira de jornada, situar o leitor sobre as revoluções causadas pelo esboçar, prototipar e materializar de ideias. Pense, agora, que as escolas de design mais legais surgiram justamente na Itália (berço da gastronomia), onde a expressão "disegno" nasceu e, mais tarde, reverberou na Inglaterra, em pleno século XVIII, quando passou-se a pensar em "desenho industrial" – caramba, o restaurante faz parte da Primeira Revolução Industrial e do design! Eureka!

Em nossos cursos de design gastronômico e de food design, faço questão de dizer que é certo que o trabalho do cozinheiro, se não for traduzido em alguns traços, jamais ficará tão claro antes de a ideia de uma montagem ser concretizada, na finalização, na boqueta. Tente descrever, sem a ajuda de uma máquina fotográfica ou celular, a montagem de um prato. Faça a mesma coisa com a ajuda de um esboço e algumas indicações ou legendas simples e apresente a um "testador" suas ideias para saber se ele entendeu sua proposta. Bingo! Ferran Adriá é um dos caras mais geniais do mundo e que, a despeito de toda a fama, nunca abriu mão de um gastar de lápis e borracha na elaboração de seus projetos. O extinto e icônico elBulli (1961-2011) é famoso justamente por isso; e, para quem quiser pensar mais sobre design gastronômico, vale a pena consultar Designs and sketches for elBulli, do designer industrial Luki Huber, só por curiosidade.

Pronto. E o que branding, storytelling e design gastronômico têm em comum? Ora, não existe vida sem conteúdo e forma. Portanto, não existe marca sem narrativa (truthtelling e discurso convincente) nem estética (a arte de se posicionar no mundo). Ao emoldurar a cena que embala um prato de comida, é preciso pensar nos motivos pelos quais ele será servido, nas razões pelas quais a memória fará jus à exigência do "bis". Para quê, para quem, como, quando, onde e por que ele foi elaborado? Se quiser ir além, imagine descrever uma preparação como se fosse uma pessoa, com as características de humor, cheiro, manias, trejeitos desse prato. Tudo que é comestível (e encerra espirituosidade gastronômica) pode estabelecer um diálogo com o degustador – um início de conversa. Esse caminho, ou ponte, quem faz é o cozinheiro – ele sabe por onde (por qual sentido ou estímulo) começar a despertar o interesse do outro, que intenções há na essência de cada prato, que mensagem objetiva e subjetiva se pretende passar, quais os melhores objetos e cores e estilos de fonte e qual mensagem complementar será importante para a apresentação do prato.

Érica Araium é jornalista com mestrado em divulgação cultural e científica. Especializada em gastronomia, é docente e palestrante, ministrando cursos de escrita criativa, food design, food styling e texto gastronômico, e idealizadora do projeto Diálogos Comestíveis.

• IDENTIDADE VISUAL

Como parte do planejamento da produção para um trabalho, costumo dedicar algum tempo na definição da identidade visual de cada cena que terei de produzir, e isso começa com as informações e referências enviadas pelo cliente. Uma vez que soubermos qual a finalidade da imagem (se é para cardápio ou revista, por exemplo), qual o protagonista e qual a história que será contada, podemos começar a definir a composição de cada uma das cenas.

Essas informações serão usadas para elaborar um moodboard, que nada mais é do que um painel de inspiração, em que são dispostos exemplos de cores, materiais, ingredientes e utensílios que planejo usar em cada imagem.

Para construir esse moodboard, uso imagens da internet e fotografias dos itens de produção do meu acervo e, com a ajuda de um aplicativo, faço uma "colagem". Os aplicativos que mais uso são o Adobe Express e o PhotoRoom, mas há também o Vintage Logo e o Gota, que ajuda na escolha das cores. Nesses casos, a tecnologia é muito útil e facilita o nosso trabalho.

Colagem feita com o aplicativo Vintage Logo, e paleta de cores feita com o aplicativo Gota.

Exemplo de croqui.

O planejamento da produção também pode ser facilitado por meio de um croqui, no qual podemos desenhar a cena proposta dispondo no seu devido lugar todos os itens da produção junto com os protagonistas da foto. Em alguns casos, será necessário deixar algum espaço livre para que seja adicionado o logotipo ou alguma outra informação na pós-produção da imagem. Quando esse for o caso, já considere isso no croqui.

Para pesquisar referências, um aplicativo que uso muito é o Pinterest. Ele é repleto de referências visuais incríveis, e basta buscar por palavras-chave para encontrar diversas imagens relacionadas ao assunto. A ideia jamais deve ser copiar essas referências, mas sim buscar informações para construir uma identidade única. Para isso, observe os pratos, ingredientes, posicionamento, ângulo, cores, iluminação e o que mais puder te ajudar nessa etapa. Salve essas referências, construa a identidade de cada produção e envie ao responsável para que ele valide a proposta e dê andamento ao planejamento.

A pesquisa por hashtags em redes sociais também é uma ótima maneira de buscar referências. As referências são importantes porque, além de funcionarem como guia para a composição da produção, elas servem de exemplo para o cliente. Assim vocês conseguem saber se estão ou não falando a mesma língua. Mas, voltando às hashtags, elas permitem uma busca rápida e precisa para uma pesquisa; hoje, você consegue segui-las, tendo assim um constante bombardeio de temas que te interessam nas suas redes sociais. Isso treina o olho e desenvolve senso crítico. No Instagram, dá para salvar imagens e criar pastas com tópicos diferentes para consultar no futuro.

Tanto a pesquisa por referências quanto o moodboard e o croqui nos ajudam muito no planejamento da produção porque nos forçam a antecipar e visualizar cada cena, e aí podemos partir para a seleção e a organização de todos os itens de produção que foram escolhidos.

Algumas hashtags que sigo:

#foodstyling #foodstylist #culinarista #producaogastronomica #food #instafood #foodphotography #fotografiadecomida #fotodecomida #yummy #foodblogger #forkyeah #buzzfeast #thefeedfeed #eater #todayfood #foodinspiration #foodblogfeed #lovefood #foodpics #foodpattern

Lembre-se: tudo isso deve ser aprovado pelo cliente. De nada adianta fazer um planejamento lindo se os itens que escolhemos não estão alinhados com as expectativas do cliente. Também é nosso trabalho instruí-los, quando necessário, sobre a produção, mas a palavra final é sempre a do cliente.

Planejamento e execução para produção no curso "Food styling, de comer com os olhos". Fotografia (direita) por Pedro Ribeiro (Estúdio Malagueta).

CORES

As cores e suas tonalidades nos transmitem diferentes sensações, por isso entender quais são as reações e sentimentos despertados diante de suas variações ajuda muito no trabalho do food stylist.

Além disso, ter um olhar treinado para identificar as cores e tonalidades naturais dos alimentos nos permite replicá-las de maneira mais precisa e realista quando necessário, seja ao pintar algum ingrediente, seja na pós-produção da imagem quando há a alteração digital das cores.

Quando o assunto é comida, o estudo das cores não é exclusividade do food stylist. Um chef de cozinha que compreende a gastronomia como um conjunto de informações sabe a importância de pensar cada parte do seu negócio: do tipo de cadeira ao atendimento, passando pela cor das paredes, até chegar ao prato de comida em si; tudo é parte de um conceito maior chamado de food design. Esse parêntese é para mostrar que estamos tratando de um assunto abrangente, e que vem sendo amplamente estudado na gastronomia.

Neste tópico, vou mostrar como faço uso da psicologia das cores no food styling e darei dicas de como fazer combinações harmoniosas usando o círculo cromático.

Antes, vamos relembrar alguns conceitos bem básicos com a ajuda do círculo cromático. Nele, podemos identificar as cores primárias – vermelho, azul e amarelo. Estas dão origem às demais cores pela sobreposição, como é o caso do amarelo com o azul, que resulta no verde. Ou seja, a mistura das cores primárias resulta nas cores secundárias, às quais se somam o alaranjado (amarelo com vermelho) e o roxo (vermelho com azul).

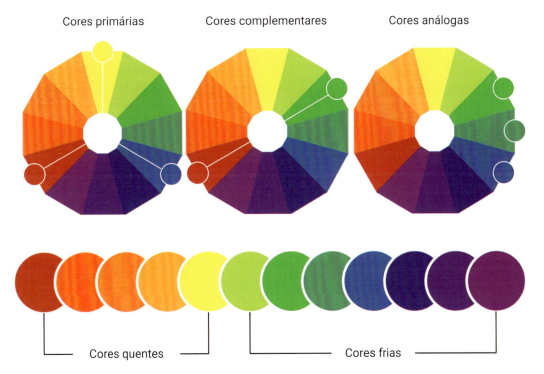

Cores primárias · Cores complementares · Cores análogas

Cores quentes · Cores frias

Uma forma que uso para criar combinações harmônicas é utilizar cores **complementares**, que são cores opostas no círculo cromático e se combinam por contraste, como é o caso do vermelho e o verde. Também podemos obter combinações por meio das cores **análogas**, que compartilham da mesma base e se combinam por aproximação no círculo cromático. Além dessas duas possibilidades de combinações, exemplificadas na figura anterior, também uso as combinações **monocromáticas**, compondo itens da mesma cor, mas com alguma variação de tonalidade e textura entre eles.

Esses exemplos foram pensados para ajudá-lo a entender os princípios que uso para nortear a escolha das cores em um trabalho, mas existem diversos livros, sites e até mesmo aplicativos que se aprofundam no estudo das cores e podem ser úteis.

Livros:
- *Pantone® foodmood* | (2017).
- *Color: messages and meanings* | Leatrice Eiseman (2006).
- *A cor no processo criativo: um estudo sobre a Bauhaus e a teoria de Goethe* | Lilian Ried Miller Barros (2016).
- *A psicologia das cores: como as cores afetam a emoção e a razão* | Eva Heller (2021).

Sites:
- Adobe Color | Combinações de cores por meio do círculo cromático, e paletas com base em imagens de referências.
- Pantone | Seleção de cores da Pantone.
- ColourCode | O site ajuda a selecionar cores aleatórias e a formar combinações.

Aplicativos:
- Gota | Ao escolher uma foto de referência, o aplicativo mostrará combinações harmônicas.
- Coral Visualizer | Basta selecionar sua cor preferida e clicar em "Combinações".
- Suvinil | Assim como o aplicativo da Coral, basta selecionar a cor e clicar em "Combinações".

As cores despertam sensações. De modo geral, ainda que haja variações na percepção de acordo com aspectos culturais e de pessoa para pessoa, são interpretadas da seguinte maneira:

AMARELO: alegria, felicidade, otimismo, imaginação, claridade, radiância, verão.

VERDE: calma, equilíbrio, natureza, meio ambiente, saúde, juventude, frescor.

ALARANJADO: humor, energia, calor, entusiasmo, vibração, socialidade, lazer.

AZUL: inteligência, confiança, ordem, harmonia, céu, água, frio, tecnologia.

VERMELHO: paixão, coragem, desejo, fome, excitação, energia, força, poder, calor, amor.

BRANCO: pureza, simplicidade, limpeza, paz, precisão, inverno, neve, frio.

MARROM: excitação, terra, casa, resistência, conforto, adaptabilidade, simplicidade.

PRETO: sofisticação, elegância, riqueza, mistério, estilo.

OURO: preciosidade, riqueza, abundância, calor, prosperidade, opulência.

PRATA: riqueza, glamour, fascínio, velocidade, suavidade, elegância, tecnologia.

O olhar do espectador deve ser direcionado para o protagonista, e o uso das cores pode contribuir ou atrapalhar esse objetivo. Posicione os itens mais coloridos próximo ao protagonista para destacá-lo, evitando posicioná-los nas extremidades para que o olhar não seja desviado. Outra forma de criar um destaque com as cores é escolher itens da produção que tenham cores complementares à do protagonista e sobrepô-los, além de usar cores análogas nos demais itens coadjuvantes. Por exemplo, se o protagonista é vermelho, podemos compor os demais itens com as cores verde e verde-azulado com diferentes tonalidades.

Agora que falamos um pouco sobre as cores, é importante entender que quem as revela é a luz. Assim, uma iluminação incorreta pode levar toda a produção por água abaixo.

PRODUÇÃO E COMPOSIÇÃO

ILUMINAÇÃO

A luz é outro dos elementos fundamentais em uma produção para fotografia ou vídeo. Um trabalho bem executado de iluminação realçará as cores naturais dos alimentos, além de criar a atmosfera ideal para transmitir a história desejada.

Fotografar é desenhar com a luz e o contraste, e os fotógrafos se aprofundam muito no estudo da iluminação. Este, portanto, não é um trabalho que fica a cargo do food stylist, mas, ainda assim, é importante entender o básico do assunto para poder ter sucesso no seu trabalho.

Existem diferentes formas de pensar a luz para uma fotografia, variando o seu ângulo de incidência, a sua intensidade, a cor da luz, e se ela será mais dura ou mais suave.

- **Luz dura:** luz que gera sombras bem marcadas, formando um desenho mais evidente e com pouca transição. O contraste entre a luz e a sombra é mais evidente.
- **Luz suave:** a luz mais difusa proporciona sombras com uma transição progressiva.

O planeta tem apenas uma fonte de luz natural: o Sol. O ângulo de incidência, as sombras e as tonalidades que ela cria variam de acordo com o horário do dia e a estação do ano. Na luz matinal, o ângulo de incidência é lateral, o sol acabou de nascer, e as tonalidades são um pouco mais frias, a luz é um pouco menos intensa e o ângulo do sol gera sombras mais difusas (menos marcadas). Já ao meio-dia, o sol está a pino, sobre nossas cabeças – isso varia um pouco de acordo com a estação do ano e a sua posição geográfica –, neste caso a luz é mais intensa e um pouco mais quente, gerando poucas sombras, porém mais marcadas. Ao final da tarde, temos uma luz ainda mais quente (mais amarelada), com um ângulo lateral gerando uma sombra maior e mais difusa do que a do meio-dia.

No capítulo "Fotografia com celular", vou ensinar alguns truques que uso para fazer minhas próprias fotos sem equipamento profissional de iluminação. Abuse dessas dicas para treinar suas habilidades como food stylist e para conseguir fotos para alimentar suas redes sociais e expor o seu trabalho.

Fotografia por Débora Lemos.

CAMADAS

A construção de um cenário que enquadra comida ou bebida naturalmente acaba seguindo uma ordem, formando camadas nas quais vamos adicionando diferentes itens para compor a imagem desejada. A combinação dessas camadas pode variar muito, mas, de modo geral, podemos dividi-las da seguinte maneira:

- **Fundo** ou backdrop.
- **Base** ou utensílio que contém o protagonista da foto, pode ser um prato, uma travessa ou um copo. O utensílio em si também pode ser o protagonista (o produto que se quer vender é uma panela, por exemplo); neste caso, os alimentos são coadjuvantes e indicam sugestões de uso.
- **Protagonista**, que pode ser uma comida, bebida, ingrediente ou um utensílio.
- **Coadjuvantes**, que podem ser outros utensílios, tecidos e ingredientes da receita, por exemplo um talher, como uma colher medidora com açúcar, denotando uma sugestão de uso.
- **Humanização**, ou seja, intervenções que denotem ação humana, como as cascas da lichia, o posicionamento das folhas de hortelã e o açúcar cristal derramado na mesa, ou ainda uma mão entrando em cena para consumir ou preparar o alimento.

Fotografias por João M. Portelinha Neto.

Cada produção pode envolver diferentes camadas que não necessariamente seguem a ordem apresentada aqui. Não existe uma regra em relação ao que você poderá usar, o importante mesmo é que as camadas sejam coerentes com a história que se quer contar, deem destaque ao protagonista e resultem em uma composição bonita.

POSICIONAMENTO E COMPOSIÇÃO

Quando pensamos no posicionamento dos itens em cena, é importante considerarmos a dimensão e o formato da foto, e isso normalmente é definido com base no uso que será dado a ela. Se é para as redes sociais, para um cardápio ou se é para um outdoor, o formato de cada uma delas será diferente, assim como o espaço disponível para ser trabalhado.

Inicialmente, podemos separar as imagens em horizontal (paisagem) e vertical (retrato). Mas os diferentes usos, inclusive em redes sociais, exigem diferentes proporções, e isso influenciará o enquadramento dos itens na cena. Veja alguns exemplos a seguir:

Exemplo de diferentes formatos aplicados à mesma imagem, ressaltando a diferença dos itens enquadrados. Imagem na horizontal na proporção 5:4 (esquerda), vertical na proporção 4:5 (centro) e vertical na proporção 9:16 (direita). Fotografia por João M. Portelinha Neto.

Os números, como em 4:5, indicam as proporções da imagem. Neste caso, as imagens podem ter 8 por 10 cm ou 4 por 5 cm, por exemplo; ou seja, são múltiplos de 4 e 5, independentemente da unidade de medida usada, como centímetros ou número de pixels. Para recortar as imagens em formato-padrão para redes sociais, indico o aplicativo Snapseed. Este é o mesmo aplicativo que uso para editar as fotos que tiro com meu celular, e é gratuito.

Para mais detalhes sobre as proporções de imagens no Facebook e Instagram, sugerimos o texto "Boas práticas para taxas de proporção", da Meta:

https://rb.gy/234v5d

Caso você precise formatar uma imagem na proporção 16:9, mas o aplicativo que estiver usando tenha apenas a opção de 9:16, basta alterar o sentido da imagem de vertical para horizontal que ela inverterá a proporção.

Nos exemplos de proporções apresentados anteriormente, é possível entender que a dimensão da imagem influenciará diretamente o posicionamento e disposição dos itens no cenário, por isso é fundamental verificar constantemente o enquadramento da imagem na câmera. Alguns fotógrafos replicam a imagem registrada pela câmera em um monitor, o que facilita muito o trabalho de food styling e produção do cenário.

Agora que já ficou claro como a proporção da imagem influencia o espaço disponível em cena, vamos ver como tirar o melhor proveito da distribuição dos itens neste espaço para obter uma composição harmoniosa e com proporcionalidade.

Quando estamos diante de uma imagem, naturalmente o nosso olhar é direcionado para o canto superior esquerdo, seguindo para o canto superior direito, passando para baixo e depois para a direita. Essa hierarquia visual está relacionada ao fato de lermos dessa forma, da esquerda para a direita e de cima para baixo, formando um padrão Z. Esse padrão é utilizado quando as informações não são apresentadas em um texto contínuo.

O modo como distribuímos os itens na imagem pode considerar alguns padrões que nos auxiliam a direcionar o olhar do observador ao ponto desejado e a construir uma imagem harmônica e visualmente agradável.

Aplicação da espiral dourada ou espiral áurea.
Fotografia por Pedro Ribeiro (Estúdio Malagueta).

Uma regra que nos ajuda a conquistar esse objetivo é a **proporção áurea**, também conhecida como proporção de ouro ou sequência de Fibonacci. Ela é uma constante real algébrica irracional. Oi? Calma, vai ficar mais fácil de entender.

Basicamente, é uma constante que se repete na natureza e que foi traduzida por meio da matemática por Leonardo Fibonacci. Essa proporção é muito usada na arte, desde a arquitetura (como o Partenon, em Atenas) até a pintura (como a *Mona Lisa*, de Leonardo da Vinci). Uma maneira simples de aplicar esse conhecimento nas imagens é usar a grade com uma representação gráfica dessa constante.

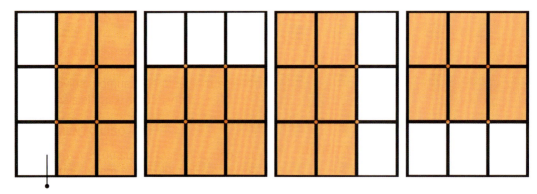

Exemplos de grid com a regra dos terços.

Outro padrão muito usado na distribuição e posicionamento para fotografia é a **regra dos terços**. Nela, usamos um grid com três faixas horizontais e três faixas verticais, em que preenchemos dois terços da imagem. Neste caso, os pontos de intersecção das linhas se tornam os pontos focais.

Você vai fazer fotos com o seu celular? Use a grade da câmera para posicionar o seu cenário usando a regra dos terços. Para aprender a ativar a grade, ver o capítulo "Fotografia com celular".

Além da regra dos terços e da proporção áurea, existem ainda padrões de composição que podem ser usados, entre eles:

- radial;
- centralizada;
- triângulos dourados;
- arranjo em V;
- curva composta;
- diagonal; e
- *pattern* (ou padrão).

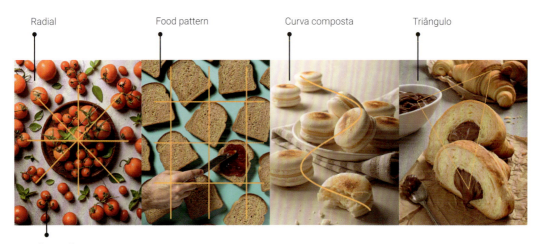

Radial   Food pattern   Curva composta   Triângulo

Fotografias por João M. Portelinha Neto.

FOOD STYLING

A **repetição** também é uma forma de gerar conforto visual nas composições e, conforme será apresentado ao longo dos capítulos com passo a passo das técnicas de styling, é algo que uso muito. Além de repetir um item na composição, usar números ímpares também contribui para uma percepção mais agradável da fotografia.

Trabalhar a **ênfase** também é uma maneira de obter um resultado visualmente interessante. Neste caso, o importante é que o produto principal seja o destaque, aquele que se quer promover/vender, fazendo com que ele ocupe quase todo o espaço da fotografia.

A composição pode ainda considerar a **hierarquia** dos itens que aparecem na foto, com destaque ao produto principal, que vai ocupar o maior espaço. À medida que os demais produtos vão diminuindo na hierarquia de importância na imagem, o espaço que ocupam também vai diminuindo.

Para criar uma composição interessante, pode-se usar o **contraste** entre os elementos visuais. Explore:

- cores fortes e neutras;
- formas redondas e formas com arestas;
- espaço negativo e positivo;
- texturas suaves e intensas.

Fotografias por João M. Portelinha Neto.

Hierarquia   Ênfase   Repetição

ÂNGULOS DE VISÃO

Assim como as dimensões da imagem, o ângulo em que ela é capturada também vai ditar o trabalho de food styling e posicionamento da produção. Afinal de contas, o que importa é aquilo que aparecerá na fotografia ou vídeo.

Por isso, é importante saber com antecedência qual será o ângulo usado para poder programar o trabalho que será desenvolvido no alimento. Eleja qual é a frente do alimento, a face mais fotogênica, e trabalhe a partir daí. Sempre que possível, confira o que está sendo capturado pelas lentes da câmera e trabalhe considerando tudo o que ela está registrando.

Muitas vezes, para que o alimento fique na posição desejada para "posar" em um determinado ângulo, precisamos usar apoiadores e estruturas para sustentá-lo. São casos em que o alimento não fica parado naturalmente, e temos que usar alguns artifícios para fixá-los. Esses artifícios podem envolver o uso de camadas de lâminas de isopor, massa de modelar, palitos de madeira, colas, entre outros que você verá ao longo da parte II do livro, "Técnicas de food styling". O importante, neste caso, é destacar os ingredientes mantendo uma posição natural do preparo e tomando cuidado para não parecer que estão flutuando.

A produção tem que ser pensada para "posar" para a lente da câmera, considerando o seu ângulo. Aquilo que não aparece não precisa estar bonito.

Uma mesma produção pensada para funcionar em dois ângulos diferentes. Fotografia por Pedro Ribeiro (Estúdio Malagueta) registrada em um curso de food styling.

Os ângulos mais usados em fotografia de alimentos são:

- **Eye level, frontal ou 0°:** neste caso, a comida fica posicionada no mesmo nível da câmera.

- **Visão do comensal, diagonal ou 45°:** é o ângulo em que visualizamos o prato quando vamos comer, por isso é muito usado em fotos para cardápio.

- **Top view, bird's view ou 90°:** quando a câmera registra a cena de cima para baixo em um ângulo reto.

A produção e o ângulo da câmera têm que estar em harmonia. Se você produzir uma cumbuca de sopa e fotografar em um ângulo de 0° (ou eye level), a única coisa que será registrada é a cumbuca; neste caso, a sopa e o que mais estiver dentro do utensílio não vai aparecer. Um produto que funciona muito bem neste ângulo é o hambúrguer, pois assim conseguimos destacar as suas camadas. Esses exemplos ilustram bem que, em algumas situações, quem vai ditar o ângulo da câmera é a produção, ainda que o mais comum seja trabalharmos a produção para o protagonista posar para a lente da câmera.

O observador deve ser capaz de identificar instantaneamente o que está na imagem e se interessar por aquilo. Para ter essa visão, é importante lembrar que você já sabe o que é que está retratado na imagem, então treine o seu olhar para ver a foto como se fosse pela primeira vez. Se um tomate parece apenas um borrão vermelho, reveja a produção, o ângulo ou o posicionamento até que a leitura do ingrediente se torne óbvia.

FUNDOS

O que costumo chamar de fundo são as bases usadas na composição do cenário, também conhecidas como backdrop. Dependendo das características da foto, elas podem ter um fundo horizontal e/ou um fundo vertical.

O fundo horizontal é o mais usado, e normalmente é a base onde são dispostos os itens que vão aparecer na fotografia, o suporte em que os protagonistas, os pratos e toda a produção são colocados. Essa base pode ser uma mesa ou qualquer superfície com uma cor ou padrão que contribua com a composição do cenário. Quando a fotografia é feita de um ângulo de 90° (também chamado de top view ou bird's view), este é o único fundo que irá aparecer.

Mas, quando o fotógrafo desce um pouco a câmera, usando um ângulo menor, aquilo que está atrás dos itens que compõem o cenário também aparece; nesse caso, pode-se usar o fundo vertical. Ele pode representar uma parede ou um cenário de fundo desfocado.

Existem ainda o fundo infinito, em que o produto aparece sobre uma superfície de cor uniforme (geralmente branca) que depois poderá ser removida digitalmente para a manipulação digital do cenário, e o fundo aparente, que também tem uma cor uniforme, mas que não será removida e que pode ou não contrastar com o produto.

Os fundos são itens importantíssimos em qualquer produção, principalmente nas de fotografia. Eles podem contribuir com a produção, participando ativamente do tema proposto, ou podem ser neutros, sendo usados apenas para dar destaque ao protagonista da foto. Isso tudo vai variar de acordo com a proposta da direção de arte.

Fundo vertical.

Fundo horizontal.

Fundo infinito (colorido).

Fotografias por João M. Portelinha Neto.

A escolha do fundo pode ser pensada para combinar com os demais itens da composição ou para criar um contraste com eles. No entanto, evite usar materiais refletivos ou com brilho para não refletir imagens que não queremos que apareçam e para não gerar nenhum ofuscamento.

Use a criatividade para pensar em fundos com os mais variados materiais e técnicas, como diferentes tipos de cores e padrões de madeira, papel ou cartolina colorida, papel adesivo com diferentes tipos de impressões colado sobre um foam board e o que mais sua criatividade mandar.

Exemplos de fundos para compor produções.

PRODUÇÃO ARTÍSTICA

SELECIONANDO OS OBJETOS

Depois de entender e desenvolver todas as etapas anteriores, é chegada a hora de selecionar os objetos que farão parte da produção artística do cenário que vai emoldurar o protagonista.

Já entendemos que, se a foto é de um contrafilé, não faz o menor sentido colocar um garfo de peixe ao lado do prato, certo? Por mais lindo que o garfo em questão seja, é incoerente, e quem olhar vai estranhar.

Portanto, é importante que os utensílios escolhidos estejam alinhados com o contexto da história que está sendo contada. Se estamos fotografando uma peça de contrafilé preparada na churrasqueira, um garfo de churrasco se encaixaria muito bem como objeto de cena.

Agora, imagine que estejamos produzindo um prato com a mesma carne, porém cortada em filé e servida com batatas assadas, fora de um contexto de churrasco. Não faria sentido usar o garfo de churrasco, mas poderíamos compor com garfo e faca usados para comer.

Os itens de produção podem ser tão variados quanto for sua criatividade, desde que sejam coerentes com o storytelling da produção. Os mais usados são: pratos, travessas, talheres, guardanapos, toalhas, jogos americanos, sousplats, tábuas, galheteiros, ingredientes, plantas e fundos. Além desses itens, podem fazer parte da produção algumas intervenções para humanizar a cena.

A **humanização** também é parte da produção, e pode ser introduzida por meio de uma mão pegando uma fatia de pão, uma faca suja de manteiga ou até mesmo pelo farelo do pão sobre a tábua em que foi cortado.

Tudo isso ajuda o espectador a assimilar rapidamente o que se quer transmitir.

A produção artística também pode ser usada para fortalecer a marca do seu cliente ao utilizar itens que ajudem a identificá-la, e isso é fundamental quando ela for menos conhecida ou quando se tratar de um restaurante. As fotos profissionais às vezes podem ser confundidas com fotos de banco de imagens, e isso pode desvalorizar o seu resultado. No entanto, se a marca aparecer na fotografia, ela vai fortalecer a imagem do seu cliente, gerando mais credibilidade. Isso pode ser feito acrescentando as cores com a identidade visual da marca, um guardanapo ou uma tábua com o logotipo, ou qualquer outro item que ajude a identificar a marca em questão.

O que vale aqui é pensar que, na maioria das vezes, o menos é mais e que a produção não deve poluir a imagem a ponto de tirar a atenção do protagonista da foto, ao contrário, esta deve contribuir para destacá-lo.

*Alguns food stylists têm um **acervo de objetos de cena** próprio para produção de cena. Se você está começando, não precisa se desesperar, em algum momento todos estivemos nessa situação, e garanto que ninguém começa com um grande acervo. Eu comecei garimpando alguns objetos em casa e sempre separava um percentual do valor que recebia pelo trabalho para comprar alguns itens de que iria precisar. Assim, aos poucos, você vai construindo o seu acervo e garante que investirá apenas em itens que realmente são úteis.*

Possuir um acervo ajudará em trabalhos menores e é uma vantagem que você oferece para quem te contrata, mas existem profissionais especializados na produção. Eles usam acervo próprio ou alugado e se responsabilizam por todo o processo que abordamos neste capítulo. Ainda assim, como food stylist, você deve se aprofundar no que foi ensinado aqui para se aperfeiçoar.

FOTOGRAFIA COM CELULAR

UM POUCO SOBRE A FOTOGRAFIA COM CELULAR

A câmera fotográfica de um telefone celular é uma ferramenta incrível que todos temos em mãos hoje em dia, e com ela podemos explorar a criatividade e expor o nosso trabalho. Durante todos esses anos trabalhando como food stylist, aprendi algumas coisas sobre fotografia e aplico essa experiência para fotografar com a câmera do celular. Neste capítulo, apresento dicas que ajudam a obter fotos com aquela cara de profissional.

Aqui vai um alerta: com o tempo e a prática, você conseguirá imagens muito boas feitas com o celular, mas não caia na tentação de promover a venda dessas imagens como fotografias profissionais. Não subestime o trabalho de um bom fotógrafo e dos seus equipamentos. Quanto mais experiência você tiver, mais vai entender as limitações de uma fotografia feita com o celular sem iluminação profissional.

As fotos tiradas com a câmera do celular funcionam muito bem para promover o seu trabalho (ou produto) nas redes sociais ou no seu website, por exemplo. Então, para mandar bem nas fotografias, some as técnicas de montagem de cenário que você aprendeu até aqui com as técnicas de food styling (que você verá nos próximos capítulos) e com as dicas a seguir, de fotografia com celular e iluminação natural.

PRIMEIROS PASSOS DA FOTOGRAFIA COM CELULAR

- **Limpe a lente da câmera.** Esta é a dica número 1! Durante o manuseio do telefone celular, é comum que a lente fique suja, e isso prejudica o resultado da fotografia, gerando aquele resultado embaçado.

- **Use a lente traseira.** Geralmente, ela tem uma resolução melhor do que a câmera frontal usada para selfie.

- **Não use o flash do celular.** A luz frontal não funciona bem com comida e geralmente deixa as cores muito frias e nada apetitosas.

- **Abuse da luz natural.** Posicione a sua produção em frente a uma janela bem iluminada e divirta-se.

- **Use a grade da câmera para ajudar a posicionar a cena.** No iPhone, basta ir em "Ajustes", "Câmera", e selecionar "Grade". Aproveite que já está nas configurações da câmera e entre em "Formatos" e se-

fotos sejam salvas em um formato compatível com diferentes softwares. Em um celular Android, vá nas configurações da câmera e ative as "Linhas de grade".

- **Evite usar o zoom (a menos que seja um zoom óptico).** Diferentemente do zoom obtido pelas lentes profissionais, o zoom de câmeras digitais reduz a resolução da imagem.

- **Foque o objeto.** Na tela do celular, toque no objeto que deseja focar, e a câmera focará automaticamente e se ajustará à exposição. No iPhone, se você tocar na tela por dois segundos, o foco e a exposição ficarão travados na posição escolhida; em um Samsung, é necessário posicionar o foco a cada click.

- **Use um tripé e acione o timer.** Dessa maneira, a câmera fica estável na hora do click. Pode parecer bobagem, mas isso evita que sua foto fique com aquele aspecto tremido e desfocado.

DICAS SOBRE A ILUMINAÇÃO

A iluminação natural é a nossa grande aliada quando queremos produzir fotos lindas de comida, mas não dispomos de equipamentos de iluminação profissionais.

Os fotógrafos profissionais possuem um arsenal de equipamentos e ferramentas para criar a iluminação ideal em um set, o que garante maior controle e unidade às imagens captadas pelas lentes. A desvantagem da iluminação natural é justamente a menor possibilidade de controle em razão da dependência de fatores naturais e climáticos, além do horário limitado de trabalho. Com o passar das horas, as características da iluminação vão mudar e, consequentemente, o resultado da imagem também. Isso pode ser um inconveniente quando queremos uma assinatura de iluminação em uma sequência de imagens, por exemplo.

Ainda assim, se soubermos tirar proveito da iluminação proporcionada pelo sol, é possível obter resultados incríveis! Você não precisa entender os mínimos detalhes dos equipamentos de iluminação para replicar, por exemplo, uma luz matinal. Basta montar o cenário em uma mesa próxima a uma janela bem iluminada no período da manhã e, com as dicas que irei passar aqui, você terá o efeito desejado.

Quando o assunto é montar o cenário para tirar o melhor proveito da luz natural, procure posicioná-lo de modo que a iluminação entre lateralmente ou por trás da produção. Isso faz com que os volumes e formas fiquem mais marcados, gerando um resultado muito mais interessante.

Exemplo de produção posicionada para aproveitar a luz natural incidindo lateralmente. A luz passa pela janela, que tem uma película que funciona como difusor, incide na produção e também é refletida pela parede branca e pelos rebatedores. Imagens feitas com câmera do iPhone 7S.

DIFUSORES

O difusor usado nas imagens a seguir é um disco com um tecido branco translúcido por onde a luz passa e é difundida, mas uma cortina translúcida clara também pode servir como difusor. Ele nos ajuda a conseguir uma iluminação mais homogênea e evita a luz dura, com aquela sombra bem marcada.

É nítida a diferença da foto sem o difusor, em que a luz do sol incide diretamente sobre a comida, gerando muitas sombras e iluminando de maneira irregular, e as fotos em que o difusor distribuiu a luz de maneira homogênea, gerando poucas sombras e com uma transição bem suave.

REBATEDORES

Os rebatedores são superfícies que refletem a luz e ajudam a iluminar a produção de um ângulo oposto ao de sua incidência, ajudando a iluminar pontos em que a luz naturalmente não chegaria. O rebatedor usado aqui é parte de um kit com quatro lados diferentes; a base de um deles é o difusor comentado anteriormente, e os outros são rebatedores nas cores branca, preta, dourada e prateada. Cada um deles influencia a temperatura de cor que refletirá na produção.

Também é possível usar outros materiais para rebater a luz, como um pequeno espelho, uma caixa revestida de papel-alumínio, um isopor ou foam board.

É possível conquistar resultados incríveis fotografando com o celular e usando as dicas passadas aqui. Mas, lembre-se, essas imagens não têm alta resolução, ou seja, funcionarão bem em redes sociais, em sites e impressos com a imagem pequena.

Cena sem difusor e sem rebatedor. Note como as sombras são bem marcadas e a luz entra apenas lateralmente.

Cena com rebatedor e sem difusor. Note como as sombras continuam marcadas, mas a parte da frente do recheio, para onde o rebatedor estava direcionado, ficou mais iluminada.

Cena com rebatedor e com difusor. Note como as sombras estão menos marcadas, e a iluminação ficou mais suave.

Fotografias por João M. Portelinha Neto.

EDITANDO AS IMAGENS NO CELULAR

Os próprios sistemas operacionais dos smartphones apresentam opções de ajustes que nos permitem corrigir ou melhorar algumas características das fotos. Ainda assim, existem aplicativos gratuitos que apresentam mais funcionalidades, como o Snapseed, aplicativo do Google para edição de fotos que eu uso muito.

Antes de começar a explicar como uso este aplicativo, é importante lembrar que a observação e a prática são primordiais para conseguir bons resultados. Quando o assunto é imagem de comida, nós não queremos ajustes que alterem demais as características originais dos alimentos. O objetivo deve ser apenas corrigir distorções. Por isso é importante treinar o olhar para ser capaz de avaliar quais características precisamos ajustar e como podemos fazer isso.

Quando falo de ajustes, refiro-me a uma série de variáveis, como contraste, brilho, saturação e granulação.

Você já deve ter fotografado um prato e, quando viu o resultado, notou que estava muito diferente daquilo que você observava na cena. A edição deve ser compreendida como uma maneira de corrigir essas características da imagem para que ela transmita as cores, as texturas e os brilhos que você enxergou na prática. Realçar algumas dessas variáveis também é permitido, desde que o resultado se mantenha realista.

Então, vamos ao tutorial de como usar o Snapseed!

Acesse o aplicativo e abra a imagem que você gostaria de editar. Já de início a aba "Aparência" é aberta. Essa aba apresenta uma série de filtros, mas estes ajustes predefinidos não são indicados quando trabalhamos com food styling. Isso porque cada imagem tem características diferentes que queremos melhorar, e os filtros têm variáveis predeterminadas que, na maioria das vezes, não se aplicam bem à realidade quando queremos trabalhar com imagens de comida.

Vá, portanto, para a aba "Ferramentas".

Aqui, a ferramenta que mais uso é "Seletivo", porque ela permite selecionar áreas específicas da imagem e ajustá-las separadamente.

Depois de abrir essa ferramenta, clique na área da imagem que você gostaria de editar; aparecerá um círculo com uma letra. Depois de posicionar o círculo, defina a área a ser ajustada fazendo o gesto de pinça com os dois dedos (como fazemos para aumentar ou diminuir o zoom).

Quando fizer isso, um círculo e uma zona vermelha vão aparecer, e o aplicativo selecionará automaticamente apenas áreas da imagem parecidas com a que você escolheu. Por exemplo, se você colocar o seletor em

uma folha, o aplicativo vai buscar no entorno tudo que tem a mesma cor dela.

Depois de selecionar a área que será editada, passe o dedo para cima ou para baixo, mas sem clicar no círculo do seletor. Aí você poderá escolher entre quatro variáveis para editar: brilho, contraste, saturação e estrutura.

Depois de selecionar qual variável você quer ajustar, arraste o dedo para a direita ou para a esquerda para controlar o ajuste escolhido dentro da área selecionada.

Ao fazer esses movimentos de arrastar, lembre-se apenas de fazê-los sem tocar nos círculos do seletor, pois isso irá movê-los de lugar. Caso isso aconteça, basta posicioná-los novamente onde quiser.

Para ajustar outra área, basta clicar no botão "+", selecionar o que você gostaria de editar, e definir a área que será afetada.

Outras ferramentas que uso no Snapseed e que são muito fáceis de aplicar são o "Efeito foco", que permite desfocar uma área da imagem, e a "Vinheta", que escurece ou clareia as suas bordas.

Após terminar de editar, clique na aba "Exportar" e selecione a opção que exporta e salva uma nova imagem com os ajustes realizados.

Alguns gestos usados para editar com a ferramenta "Seletor" do Snapseed:

 Clique, segure e arraste o ícone do seletor para posicioná-lo.

 Afaste ou aproxime os dois dedos para aumentar ou diminuir a abrangência da área editada.

 Arraste para cima ou para baixo para selecionar um dos ajustes que deseja alterar.

 Arraste para os lados para alterar o ajuste selecionado.

PARTE II

TÉCNICAS DE FOOD STYLING

Para explicar melhor as técnicas de food styling, pensei em um formato que proporcionasse uma fácil compreensão das técnicas e suas aplicações, um material a que eu gostaria de ter tido acesso quando comecei a trabalhar nessa área.

Foi com isso em mente que desenvolvi um modelo de **receitas** com **passo a passo**, em que foram selecionados pratos que envolvem uma combinação de técnicas e conceitos e abrangem informações que podem ser aplicadas em diferentes situações.

O passo a passo foi elaborado no formato de "livro de receitas": nos **ingredientes** estão listados os itens necessários para a sua produção, e no **modo de preparo** estão os passos que descrevem a aplicação prática das técnicas e conceitos. As receitas vêm acompanhadas de imagens que ajudam a entender melhor as técnicas usadas. Algumas dessas técnicas e conceitos são explicados de maneira mais detalhada ao longo dos capítulos em que são aplicados.

Antes de começarmos, gostaria de reforçar que a comida preparada para fotografia não é para ser comida – essa é a regra número um quando trabalhamos com food styling. É importante garantir que todos no set estejam cientes disso para evitar acidentes ou problemas decorrentes de contaminação. Como será possível notar ao longo desta parte, segurança alimentar não entra em questão quando preparamos comida para fotografia, aliás, uma série de itens não comestíveis são usados para deixar a comida mais bonita. Imagine alguém da equipe abocanhar um lanche cheio de alfinetes, comer um petisco coberto de lubrificante multiúso para mecanismos ou então uma carne que ficou exposta à temperatura ambiente por horas. No mínimo essa pessoa terá uma dor de barriga. Pode acontecer também de alguém comer o modelo da foto que você passou horas para comprar, transportar e selecionar cuidadosamente. Para que isso não aconteça, mantenha os olhos atentos às movimentações próximas à sua produção.

Além da comida, o food stylist deve estar atento à limpeza dos utensílios que entrarão em cena, porque qualquer marca em um copo, prato ou outro utensílio é potencializada nas fotografias. Treine seu olhar para esses detalhes e use um borrifador com álcool ou limpa-vidros e papel-toalha ou hastes de algodão para remover todas as marcas. Usar luvas para manusear os utensílios também minimizará essas marcas.

Por fim, pratique muito e mais um pouco! Tudo o que já foi ensinado até aqui e que ainda será ensinado adiante ajudará muito quando você começar a trabalhar na área, mas a prática é fundamental. No plano do conhecimento, do planejamento, parece tudo perfeito, mas quando colocamos a mão na massa é que temos o resultado real e podemos identificar quais pontos precisamos melhorar. Para isso, cultive um olhar contemplativo e crítico do seu trabalho. Afinal, quem acha que atingiu a perfeição não vê espaço para melhorar, e eu acredito que podemos melhorar sempre!

Um ponto que gostaria de reforçar aqui antes de passarmos para o passo a passo é que você deve praticar estas técnicas antes de executá-las em um trabalho pela primeira vez para garantir que dará tudo certo!

VEGETAIS

Ao trabalhar com frutas, legumes ou verduras, somos presenteados com uma variedade de cores e formas que nos possibilitam uma infinidade de combinações. Esses vegetais são verdadeiros presentes da natureza, mas trabalhar com eles no food styling exige alguns cuidados que vão da seleção, transporte e manuseio até chegar ao momento em que brilharão em uma foto ou vídeo.

COMPRAS, SELEÇÃO E TRANSPORTE

Um ponto crítico no que se refere ao styling de saladas, legumes ou frutas é o processo de compras, seleção e transporte dos ingredientes, porque estamos tratando de produtos frágeis e, em alguns casos, muito perecíveis. De um dia para o outro, um tomate perfeito pode ficar murcho, e é por isso que a recomendação é, sempre que possível, comprar esses ingredientes um dia antes da foto.

Lembre-se do que falamos no tópico "Casting e compras": selecione muito bem cada item tomando todos os cuidados no manuseio e transporte. Procure usar caixas baixas para evitar sobrepor itens e não os amassar, e mantenha-os longe de materiais duros e pontiagudos, porque qualquer impacto pode estragar o ingrediente.

A quantidade a ser comprada também é um fator importante, porque no dia da produção não queremos perder tempo tendo que sair para recomprar algum produto. Por isso, procure adquirir o suficiente para poder fazer e refazer todos os preparos. No caso de ingredientes que vão aparecer na cena, considere que eles podem sofrer com algum imprevisto e estragar – principalmente se não forem tomados cuidados no transporte e manuseio.

Durante as compras, se você se deparar com um ingrediente lindo que é parte de algum preparo, lembre-se que ingredientes também podem ser usados para compor e decorar o cenário.

Também é interessante contar com ingredientes extras para poder escolher entre diferentes tipos de cortes e preparos, já que é possível mudar de ideia durante o processo. Nesse caso, você vai querer ter ingredientes em quantidade suficiente para colocar em prática essa nova ideia genial, que surgiu de última hora.

Corte os insumos em pedaços perfeitamente imperfeitos: para descascar frutas e legumes, prefira a faca para tornear ou o descascador de legumes; para outros cortes, indico a faca do chef de 8 ou 10 polegadas. É importante garantir que todas estejam bem afiadas para obter um corte preciso e sem marcas ou falhas. Faça os cortes com pequenas variações para obter pedaços perfeitamente imperfeitos e trazer mais naturalidade à produção. Quando cortamos pedaços perfeitamente idênticos, o resultado pode ficar mais artificial e monótono.

MANUSEIO E PRESERVAÇÃO

Sempre que possível, deixe para cortar, picar ou descascar frutas, legumes e folhas momentos antes do seu uso para preservar suas características. Depois de cortados, mantenha-os em uma bandeja coberta com papel-toalha umedecido para aumentar a durabilidade e manter frescor e umidade. Borrife mais água gelada sempre que estiver secando.

Para transportar vegetais e folhas depois de limpos e selecionados, use uma caixa grande com tampa forrada com papel-toalha molhado e disponha os ingredientes de modo que não amassem. Mantenha-os refrigerados sempre que possível.

Algumas frutas, como maçã, pera, banana e abacate, começam a oxidar e a escurecer momentos depois de cortadas. Para evitar que isso aconteça, coloque-as em um bowl com uma mistura de água com vinagre na proporção de uma medida de água para uma medida de vinagre, ou pincele as frutas com suco de limão. Essas soluções ácidas vão retardar a oxidação dessas frutas.

Em relação às frutas, temos ainda um fator que é importante considerar: a banana madura libera o gás etileno, que acelera a maturação das frutas, mas isso só acontecerá se você colocar a banana madura em um recipiente fechado com outra fruta, assim esse gás ficará concentrado. Então, se você quiser acelerar o amadurecimento de alguma fruta, coloque-a em um pacote fechado com uma banana madura. O contrário vale para evitar o amadurecimento, nesse caso mantendo a banana madura bem longe das outras frutas.

As frutas liberam suco ao serem cortadas. Em alguns casos, esse suco possui uma coloração, por isso é importante limpar a tábua de corte entre a manipulação de diferentes ingredientes para evitar que sejam tingidos. Imagine picar morangos e logo em seguida um melão sobre a mesma tábua. É certo que o melão vai absorver um pouco da coloração do morango, e é justamente isso que queremos evitar.

BRANQUEAMENTO

O branqueamento é uma técnica de conservação e higienização de vegetais muito utilizada na gastronomia, e no food styling também tem a sua importância.

Esse processo fará com que os ingredientes fiquem com uma coloração mais viva e textura mais interessante, com aspecto de cozidos, porém preservando suas formas e viço. Para isso, basta jogar os vegetais em água fervente por 30 segundos e, em seguida, colocá-los em água com gelo para interromper a cocção. É simples, mas efetivo.

Se por algum motivo você precisar que o vegetal fique com um aspecto mais cozido, é só deixá-lo por mais tempo na água fervente antes de colocá-lo na água com gelo.

Sempre que for necessário cozer algum vegetal para uma produção, essa é a técnica ideal. Depois, é só utilizar ou armazenar.

Alguns exemplos de vegetais que se beneficiam do branqueamento são: cenoura, brócolis, couve-flor, ervilhas, beterraba, vagens, chuchu e couve-de-bruxelas.

TEMPEROS FRESCOS

Alguns temperos são mais resistentes e permanecem com um aspecto bonito por mais tempo (caso do alecrim e do orégano), enquanto outros oxidam e perdem o seu aspecto de frescor muito rápido (caso do manjericão, da salsinha e do coentro). Caso não seja possível comprá-los no dia da produção, você pode procurar por temperos vendidos em vasinhos, já que a durabilidade dessas ervas plantadas é bem maior. Para os comprados em maços, uma alternativa é colocar os temperos em um saco plástico, borrifar água fresca dentro e mantê-los refrigerados. Isso vai preservá-los até o dia seguinte.

Os cuidados com esses temperos mais frágeis devem ser estendidos até o momento do corte e manuseio. Depois de picados, eles vão oxidar ainda mais rapidamente, portanto deixe para fazer isso momentos antes do uso e utilize uma tesoura para obter um resultado mais preciso no corte sem danificar as folhas.

SPRAY DE FRESCOR ETERNO

É assim que chamo a mistura de glicerina com água. Tem esse nome porque ele instantaneamente cria um aspecto de frescor em frutas, folhas ou qualquer vegetal cru que esteja por inteiro. Nesses casos, abuse do spray para formar as gotinhas de água na sua superfície e obter aquele aspecto de frescor que é muito bem-vindo.

O spray de frescor é uma mistura recomendada para dar acabamento e deve ser usado quando os ingredientes forem entrar em cena. Se você precisar reanimar folhas e frutas que deram uma desidratada ou murcharam, use um borrifador apenas com água gelada ou água termal.

A mistura é muito simples: use uma parte de água para uma parte de glicerina, coloque em um borrifador de sua preferência e misture muito bem. Lembre-se de agitar sempre antes de usar.

A forma e o tamanho das gotinhas variam de acordo com o borrifador usado e a distância entre o borrifador e a superfície do alimento, por isso é interessante testar diferentes borrifadores antes de usar na sua produção. Os meus preferidos são aqueles que geram uma nuvem com gotículas bem pequenas, e, à medida que vou aproximando o borrifador do ingrediente, as gotinhas vão ficando maiores, criando gotas de diferentes tamanhos e um resultado mais interessante.

Ao usar o borrifador em cena, temos que cuidar para não atingir outros itens da produção, afinal de contas queremos trazer esse visual de frescor a saladas, frutas ou legumes, e não ao talher ou à mesa, não é? Para isso, cubra com papel-toalha tudo que estiver no entorno desses ingredientes e, se necessário, use hastes de algodão ou o próprio papel para limpar qualquer respingo de frescor eterno em algum local indesejado.

PREENCHIMENTO

As técnicas de preenchimento são usadas em bowls, cumbucas, entre outros utensílios, para criar uma base sob a parte visível da produção, uma espécie de fundo falso, ajudando a fixar ingredientes, elevando-os e/ou evitando que afundem.

Por exemplo, sob a camada visível de um bowl de salada, uso algum tipo de preenchimento para fixar os ingredientes na posição que quero e fazer com que aqueles mais pesados, como um palmito, não afundem em meio às folhas e permaneçam na superfície. Em uma cumbuca de sopa, a base ajuda a fazer com que os cubinhos de torrada fiquem "boiando", caso contrário eles afundariam pouco tempo depois de posicionados.

Também pode ser usado para preencher o frango assado, com o objetivo de deixá-lo maior e com um aspecto mais estufado e gordinho.

Existem diferentes maneiras de fazer isso, e você poderá acompanhar o passo a passo de algumas delas nos próximos capítulos.

Como a base que usamos na "Salada", feita de batatas amassadas, no "Cereal matinal", no qual usei um bowl invertido revestido com papel-alumínio, e até mesmo na "Salada de frutas", em que optei por fazer um pirão de farinha de mandioca, que funciona muito bem em alguns casos.

Use a sua criatividade para pensar em diferentes preenchimentos, mas sempre considere a reação entre o material do preenchimento e o preparo em si. Por exemplo, na produção de uma sopa, uma base de pirão pode acabar se dissolvendo e misturando com a sopa, alterando o resultado. Considere também que o fundo deve ser imperceptível. No caso de um preparo translúcido, a solução pode ser preparar uma gelatina transparente e firme.

Exemplos de preenchimento com batatas cozidas (esquerda) e com pirão de farinha de mandioca (direita).

Fotografia por João M. Portelinha Neto.

SALADA

Podemos comparar o styling de um prato de salada com a composição de um arranjo de flores. Folhas, frutas e legumes já são naturalmente bonitos, e o trabalho do stylist é realçar essas características ao compor um conjunto harmonioso, tirando proveito de suas formas e cores. Normalmente, uma produção de salada busca trazer um aspecto de frescor, de leveza e de saudabilidade, por isso é comum que se use uma iluminação mais clara, que remeta à luz do dia.

Quando estiver montando a salada, procure usar o que aprendeu sobre o círculo cromático, posicionando itens de cores complementares próximos uns aos outros para criar contraste. Cores como vermelho, roxo e alaranjado contrastam e combinam com diferentes tons de verde. Explore também as diferentes formas, tamanhos e texturas de cada item para compor um prato mais interessante.

PRÉ-PREPARO E CUIDADOS COM A PRESERVAÇÃO

Para as folhas, comece selecionando as mais bonitas, lave-as em água corrente fria e separe por tamanho (pequeno, médio e grande). Iremos usar as maiores na base e as menores por cima, para obter um acabamento mais bonito. Guarde-as em um pote grande com tampa, com cuidado para não amassarem, e cubra com um papel-toalha umedecido antes de tampar. Quando for usar, separe os diferentes tamanhos em bandejas, colocando as folhas lado a lado para facilitar o processo de escolha dos ingredientes.

Vamos agora ao passo a passo, no qual você poderá acompanhar na prática o uso de algumas técnicas.

PASSO A PASSO

INGREDIENTES

- Prato para a montagem da salada
- Batatas cozidas
- Palitos de dente
- Folhas de sua preferência
- Alfinetes
- Tomates sweet grape
- Palmito cortado em rodelas
- Pinças
- Azeitonas verdes cortadas em rodelas
- Cenoura ralada (ralo médio)
- "Spray de frescor eterno" (p. 78)
- Papel-toalha
- Hastes de algodão

MODO DE PREPARO

1. Faça o *mise en place* e limpe muito bem o prato em que será montada a salada.
2. Amasse a batata no centro do prato, criando uma superfície de fixação para os itens que vão compor a salada (a quantidade de batata vai variar de acordo com o tamanho do utensílio utilizado).
3. Quebre os palitos de dente ao meio e faça uma espécie de cama de pregos.
4. Com essa cama pronta, comece a colocar as folhas maiores, de fora para dentro, alternando sempre entre os diferentes tipos usados na sua salada.
5. Vá adicionando as folhas até cobrir por completo toda a base de batatas. Não deixe nenhuma parte à mostra.
6. Comece a compor a parte superior com as folhas médias, fixando com alfinetes cada uma delas para que se mantenham na posição desejada.

7. Insira um alfinete na parte das sementes do tomate para que a sua cabeça suma na parte mais mole do fruto, e fixe ele sobre a salada na posição desejada. Continue assim com todos os tomates e procure manter um número ímpar.
8. Da mesma maneira que os tomates, fixe as rodelas de palmito, colocando o alfinete sempre do lado que não aparecerá na foto.
9. Cubra buracos na salada usando as folhas menores com o auxílio de uma pinça, para alcançar o ponto exato onde quer posicionar a folha. Mantenha a fluidez e leveza na distribuição das folhas.
10. Em seguida, passe para os ingredientes mais leves. Novamente, use os alfinetes e fixe as rodelas de azeitona uma de cada vez com o alfinete preso pela parte interna da rodela.
11. Com uma pinça de ponta fina, coloque a cenoura ralada sobre as folhas de alface bem aos poucos para não sobrecarregar o visual e manter o aspecto de leveza. Certifique-se de que elas fiquem bem entremeadas às folhas para não dar a impressão de que foram apenas sobrepostas.
12. Com cada coisa em seu lugar, agora é só dar uma borrifada de frescor. Borrife a mistura de água com glicerina sobre a salada (a intensidade e a quantidade das borrifadas vai variar de acordo com o resultado desejado). Caso seja necessário borrifar a mistura de água e glicerina com a produção já posicionada no cenário, forre as bordas do utensílio e o entorno dele antes com papel-toalha para não molhar a produção.
13. Com uma haste de algodão, limpe qualquer excesso de água ou sujeira das bordas do prato. Verifique se cada coisa está em seu devido lugar e faça os ajustes necessários.

Sua salada está pronta e linda para ser fotografada pelo tempo que as folhas resistirem. Você pode dar uma vida maior a elas ao borrifar regularmente o spray de água com glicerina ou água fresca, apenas tomando cuidado com os excessos e retocando se necessário.

A mesma técnica usada para posicionar o palmito e o tomate na salada pode ser usada para outros ingredientes mais pesados, como tiras de peito de frango. Basta espetar as tirinhas com o alfinete ou palito de dente e posicionar no prato, garantindo que esteja fixado nas batatas da base. Atente-se para que o palito ou alfinete não fique à mostra.

As batatas amassadas, além de dar suporte para posicionar os ingredientes, servem como uma superfície que absorve líquidos que possam escorrer da salada, frutas ou molhos usados no preparo.

Mas, caso algum ingrediente comece a perder líquido e escorrer na produção, use algodão ou papel-toalha para remover o excesso de umidade.

MOLHOS

Caso a salada acompanhe algum tipo de molho, existem algumas soluções para isso, mas deixe esse passo sempre para o final da produção. No caso de um molho mais líquido, composto por temperos, use uma pinça ou um pincel para posicionar os temperos em pontos estratégicos da salada. Você pode hidratar o tempero na água, em vez de azeite, para evitar que ele escorra.

No caso de molhos mais espessos, o processo é mais desafiador, porque eles vão pesar na salada, podendo escorrer e fazer a salada desmoronar, perdendo o aspecto desejado. Nesse caso, um processo bem-feito de fixação dos ingredientes da salada é fundamental.

Em primeiro lugar, sugiro fazer o molho substituindo a sua base original por uma base de creme de leite, porque normalmente os molhos de saladas têm uma base ácida, que oxida as folhas. Deixe o creme de leite escorrendo em um filtro de café para que o excesso de líquido seja drenado. Essa técnica de drenar o molho pode ser usada em outros casos, como ketchup, molho de tomate e coalhada, por exemplo. Então, siga a receita e misture com os ingredientes do molho para dar a característica desejada.

Quando toda a produção estiver pronta, você vai trabalhar em sincronia com o fotógrafo, posicionando o molho com a ajuda de duas colheres ou de uma seringa, e em seguida fazendo o click. A cada porção de molho colocada na salada, o fotógrafo fará um novo click. Assim, ele poderá sobrepor as várias camadas de imagens e obter o melhor resultado possível, já que o molho pode escorrer, e a salada desmoronar durante o processo.

Se esse processo de fotografia com sobreposição de camadas não for possível, finalize o posicionamento do molho o mais rápido que você puder para que a salada esteja bonita e o molho ainda esteja em evidência. Nesse caso, quanto mais pastoso ele for, melhor.

SALADA DE FRUTAS

A salada de frutas é outro espetáculo de cores e formas e, assim como no styling de outros tipos de saladas, deve-se prezar pela escolha, o manuseio e o posicionamento de cada ingrediente.

Um olhar atento é fundamental para explorar da melhor maneira possível essas cores e formas. As frutas maiores podem ser cortadas do modo que você preferir, ou que a produção exigir, mas, quando o assunto é fruta pequena, vale considerar a sua forma e tirar proveito disso, afinal a natureza já se incumbiu de caprichar no modelo de cada uma.

É por isso que, no preparo desse passo a passo, optei por cortar o melão e a manga em cubos, enquanto o morango e o kiwi foram trabalhados para salientar as suas formas e facilitar a sua leitura.

No processo de corte de cada fruta, é natural que alguns pedaços não fiquem perfeitos justamente por causa do formato de cada uma, por isso gosto de separar os mais bonitos dos demais. Os pedaços que não estiverem muito bonitos podem ser usados na base do preparo, e os melhores são colocados por cima para dar acabamento.

Deixe para picar as frutas momentos antes da produção e, depois de picadas, coloque-as em uma bandeja e cubra com papel-toalha molhado para conservá-las. No caso das frutas que oxidam e escurecem, pincele suco de limão para retardar esse processo.

PASSO A PASSO

INGREDIENTES

- Farinha de mandioca
- Água
- Tigela para a salada de frutas
- Lâmina de isopor
- Morango cortado em pétalas
- Manga cortada em cubos
- Melão cortado em cubos
- Kiwi cortado em ¼ de rodela
- Alfinetes
- Pinças
- Pincéis
- Colher

MODO DE PREPARO

1. Faça o *mise en place*.
2. Comece preparando um pirão, misturando a farinha de mandioca com a água que servirá de base para este preparo. Adicione a água aos poucos até obter uma consistência de massa de modelar.

Esse pirão com consistência de massa de modelar é um coringa nas produções, porque serve para preencher recipientes e fixar os ingredientes. Também pode ser usado para posicionar aquela laranja, ovo ou qualquer item que insista em rolar na mesa e que não fica na posição desejada.

3. Sobre esta base, posicione uma lâmina de isopor para ajudar a fixar a primeira camada de frutas.
4. Para que a primeira camada fique bem firme, fixe cada fruta com um alfinete na lâmina de isopor. Sempre coloque as frutas em números ímpares para gerar uma composição mais harmoniosa. Neste caso, coloquei 5 pedaços de morango, depois 5 de manga, 5 de melão e 5 de kiwi.
5. Formada a base, continue a sequência com as frutas mais bonitas para formar o acabamento. Desta vez, sem usar os alfinetes.
6. Faça os últimos retoques, se necessário, e pronto! Agora é só levar o modelo para a cena.

VEGETAIS

Caso as frutas fiquem com um aspecto ressecado, borrife água fresca ou o spray de frescor eterno.

As frutas devem ser picadas momentos antes do uso. É possível aumentar a sua durabilidade mantendo um papel-toalha molhado sobre elas.

PUDIM DE CHIA COM BANANA E MEL

Quem foi que disse que não tem comida *fit* neste livro? Tem, sim! Esse preparo coloca em prática técnicas para corte e preservação de frutas e um ingrediente substituto para o mel, para conseguir aquela cena com um fio de mel escorrendo sobre a fruta.

MEL

Se você está lendo este livro, é porque food styling é um assunto que te interessa, então você já deve ter visto na internet aquela cena clássica do mel escorrendo que é feita com óleo de motor. Bom, eu já fiz esse teste e vou te poupar de ter que passar por isso também, porque existem alternativas com melhores resultados e sem toda aquela bagunça feita com o óleo (e o pior é quando ele vaza no seu material de styling!).

A glucose de milho amarela é o meu ingrediente preferido para substituir o mel no styling. Ela tem uma cor idêntica à do mel e uma consistência mais viscosa, que fica linda na foto ou vídeo.

Se, por acaso, você quiser um mel mais claro, basta diluir a versão amarela com a glucose incolor. Já para um mel mais escuro, algumas gotinhas de corante marrom resolvem o problema.

Mas você pode me perguntar: "por que glucose, e não mel?".

Pois bem, costumo fazer essa substituição por diversos fatores. O mel, dependendo de sua origem, pode variar na textura, cor ou viscosidade, o que torna o processo de compras e seleção mais complicado, com impacto no resultado da produção. Por causa dessa variação, sempre recorro à glucose de milho amarela, porque já sei que o seu resultado atende às minhas expectativas e a encontro facilmente em qualquer supermercado.

PASSO A PASSO

INGREDIENTES

- Bananas
- Limão
- Pincéis
- Pote de vidro
- Papel-toalha
- Limpa-vidros ou álcool
- Pudim de chia (leva apenas leite, água e chia, e foi preparado um dia antes)
- Lâminas de isopor
- Pinças
- Colheres de tamanhos diferentes
- Glucose de milho amarela

MODO DE PREPARO

1. Comece separando todos os ingredientes.
2. Em seguida, corte a banana em rodelas e, para conter a sua oxidação, pincele suco de limão em toda a superfície da fruta.
3. Limpe bem o vidro que vai receber o preparo com papel-toalha e limpa-vidros (ou álcool). Preencha o vidro com o pudim de chia até completar ⅔.
4. Quando estiver na altura correta, corte a lâmina de isopor em formato de disco, com uma circunferência 1 cm menor do que a do pote para que a lâmina não apareça na lateral do vidro. Coloque sobre o pudim.
5. Coloque as rodelas de banana até preencher o recipiente por completo.
6. Faça os ajustes de posicionamento, se necessário. Para não deixar marcas de dedo, envolva o pote com um papel-toalha para transportá-lo ao cenário, e agora é só fazer o click!

Com tudo no seu devido lugar, entra em cena a cachoeira de "mel" para finalizar a produção em grande estilo. Mas, antes de qualquer coisa, ensaie o movimento fora do cenário, verifique o tipo de bico do utensílio utilizado para derramar e avalie a vasão do "mel". Faça os testes porque, caso algo saia do controle, você terá que refazer o modelo. Quando chegar a hora, marque o ponto onde a glucose tem que cair, aguarde a confirmação do fotógrafo e comece a virar.

A cena com a glucose de milho escorrendo sobre o preparo evidencia a cor e o movimento desse ingrediente, além de incluir a humanização na foto.

Algumas frutas, como a banana e a maçã, oxidam e escurecem rapidamente depois de descascadas. Para preservá-las, basta pincelar suco de limão na sua superfície.

VEGETAIS

CARNES

Nem só com marcas de grelhado se constrói uma imagem apetitosa de carne! Sim, quando coerentes, essas marquinhas fazem toda a diferença, desde que associadas a outras técnicas, como a pintura de proteínas. Para uma carne bonita e suculenta, a cocção deve ser mínima, por isso as técnicas de acabamento e pintura são tão importantes para dar aquele aspecto caramelizado que desperta os nossos sentidos e abre o apetite. Neste capítulo, você vai descobrir diferentes técnicas de marcas de grelhado, pintura e muito mais.

FRANGO ASSADO DOURADO

Outro ícone do food styling é o frango ou peru assado. Além de ser um prato que adoro produzir, é daqueles preparos que evidenciam a importância do trabalho de um bom food stylist, porque ele tem várias camadas de técnicas. O frango assado também é um excelente exemplo do motivo de não assarmos – ou de assarmos muito pouco – alguns alimentos. Logo você já vai entender.

Estrutura, viço, uma cútis suculenta e dourada – isso é tudo que queremos para o visual de um frango assado! Neste tópico, vou explicar a técnica usada para essa finalidade, com suas devidas variações de acabamento e cores.

COMPRAS E CASTING

É importante lembrar que, assim como na grande maioria das produções, o casting da ave é importantíssimo. Sempre que possível, vá ao açougue ou mercado para escolher uma ave fresca para usar, e, se por acaso isso não for possível e você tiver que usar uma empacotada (congelada ou resfriada), compre as que estiverem com a embalagem mais preservada e um número seguro de unidades extras, porque só depois de abrir o pacote você poderá constatar o estado/qualidade do produto. Neste caso, sugiro pelo menos três opções por produção.

Os cuidados na seleção das aves passam por verificar a sua integridade, incluindo a sua pele e todas as suas partes, como coxa, asa e peito. Por isso, analise com atenção e verifique se a pele está intacta, sem nenhum tipo de corte – quanto mais pele ela tiver, melhor –, e selecione aquelas que tiverem o peito grande, pois esta é uma área que ganha destaque na fotografia.

PINTURA E ACABAMENTO

Prefiro, sempre que possível, trabalhar o alimento com um acabamento mais natural, deixando-o o mais próximo possível da realidade. Por isso, optei por apresentar neste passo a passo um frango levemente rústico, dourado e com uma pegada mais caseira.

Para as receitas das tintas, veja o tópico "Tintas – aves e suínos".

O resultado do acabamento vai mudar de acordo com algumas variáveis, como o tempo que a ave é assada, o tipo de tinta usado e a quantidade de camadas de tinta.

Aquelas produções de peru de Natal de televisão, por exemplo, ficam pouquíssimo tempo assando, em torno de 1 minuto com alta temperatura (250 °C) em forno preaquecido, e levam a tinta de acabamento liso. Mesmo nesses casos eu não recomendo usar a ave 100% crua, porque a pele fica muito úmida e a tinta não adere bem.

A quantidade de camadas de tinta sempre vai variar de acordo com o objetivo. Quanto mais camadas, mais bem passada a ave vai parecer. No passo a passo, explicarei melhor esse processo, mas entre cada camada de tinta entra o soprador térmico para secar a tinta.

O acabamento de que mais gosto e que usei aqui tem um aspecto mais realista. Para esse resultado, asso a ave em forno preaquecido em alta temperatura por 10 minutos e uso algumas camadas da tinta de acabamento liso. Para um aspecto mais rústico, basta assar por 20 minutos e substituir a tinta de acabamento liso pela rústica, assim você chega a um resultado com cara de cozinha ao ar livre.

Tudo isso para você entender que o acabamento vai variar de acordo com a intenção da cena, de acordo com a história que está sendo contada. Você pode achar lindo aquele frango liso, brilhoso, impecável, mas se a cena é em uma cabana de inverno, por exemplo, provavelmente um preparo mais rústico conversará melhor com esse cenário. Por isso sempre digo: "Cada cena tem a galinha que merece!".

PASSO A PASSO

INGREDIENTES

- Frango inteiro
- Detergente neutro
- Papel-toalha
- Limpa-vidros
- Supercola
- Arame ou barbante de algodão
- Alfinetes
- Tinta para aves de "Acabamento liso" (p. 42)
- Pincéis variados
- Soprador térmico
- Corante em gel marrom
- Facas
- Tábua de corte

MODO DE PREPARO

1. Em primeiro lugar, separe os ingredientes e selecione o frango, conferindo o seu estado, se a pele está íntegra e se está tudo em seu devido lugar.
2. Lave bem a ave com detergente neutro, enxágue em água corrente e seque com papel-toalha (reserve o papel usado para o "recheio").
3. Quando o frango estiver bem sequinho, borrife o limpa-vidros em toda a sua superfície para completar a limpeza e seque com mais papel-toalha. Esse processo vai retirar todo o excesso de gordura da superfície da pele e garantirá uma melhor aderência da supercola e da tinta.
4. Recheie o frango com o papel-toalha, fazendo com que ele fique bem preenchido e mais robusto. Coloque quanto papel couber, quanto mais preenchido o frango ficar, melhor o resultado.
5. Encoste a asa no corpo do frango e coloque uma gota de supercola no ponto de contato. Pressione até a cola agir. Repita o mesmo processo com as coxas.
6. Com um arame ou barbante de algodão, amarre as extremidades das duas coxas (conforme a imagem), para garantir que elas não desgrudem.

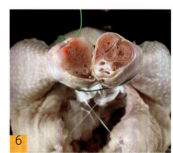

7. Estique a pele do frango e prenda-a usando alfinetes, sempre em pontos que não vão aparecer, como a parte em que o papel-toalha foi colocado dentro do frango, a parte onde ficava o pescoço e a parte de baixo da ave. Use o alfinete também para prender a asa do frango e garantir que ela fique no lugar. O importante aqui é deixar a pele esticada, cuidando para que não rasgue, e posicionar os alfinetes em pontos estratégicos para que não apareçam. Asse o frango em alta temperatura (250 °C) por 10 minutos para secar a pele e dar um aspecto mais real de frango assado.
8. Pinte todo o frango com a tinta de acabamento liso, usando um pincel macio e largo até cobrir a peça por inteiro, e então seque com um soprador térmico. Ao usar o soprador térmico, mantenha uma distância maior do frango até entender qual será a reação obtida e qual a distância ideal. Na maioria das vezes, será necessário mais de uma demão de tinta. Neste caso, repita o processo até a secagem com o soprador térmico. Deixe sempre um tom mais claro do que o desejado, porque o resultado na fotografia sempre parece mais escuro e bem passado do que a olho nu, por isso pode parecer mais bem passado do que gostaria.

Neste caso, optei pela tinta de acabamento liso porque ela é mais versátil e permite um acabamento uniforme e homogêneo.

9. As partes mais altas da ave, como peito e coxa, costumam ficar mais escuras e douradas quando assadas. Para obter esse resultado, pinte-as um pouco mais para realçar esse aspecto de bem passado e seque com o soprador térmico.
10. Já as extremidades e as partes mais finas, com menos carne, como as pontas das asas e das coxas, costumam ficar com um aspecto mais tostadinho. Para essas partes, basta pintar com um corante em gel marrom para obter esse aspecto. Nesse caso, não é necessário usar o secador térmico.

Quando o frango estiver pintado, tenha cuidado para não tocar na sua superfície para não deixar marcas. Nas partes em que foi usado o soprador térmico, a chance de estragar a pintura é menor, mas, se não tomar cuidado, você pode ter que refazer a pintura. Já no caso dos pontos em que foi usado o corante em gel, qualquer contato pode remover a pintura.

CARNES

FRANGO ORIENTAL

Esta receita tem uma pegada meio chinesa, com toques coreanos e um suspiro tailandês, por isso esse nome. Por mais simples que esse prato pareça, as técnicas empregadas aqui são fundamentais para que o frango e os legumes fiquem perfeitamente posicionados e cobertos por uma camada linda, espessa e brilhosa de molho. Essas mesmas técnicas podem ser aplicadas em pratos como guisados, salteados ou refogados que têm esse tipo de acabamento.

Para este passo a passo, vamos usar a tinta com "Acabamento suculento" para aves de que já vimos a receita, e é uma mistura supersimples de molho tarê pronto com molho de soja e caramelo.

Um ponto que considero importante destacar aqui é que devemos saltear o frango em uma frigideira bem quente apenas para selar a superfície e obter um aspecto de levemente corado, já que a coloração final será obtida com a tinta. Ou seja, o interior do frango vai permanecer cru, preservando os líquidos, e isso o deixará mais gordinho e suculento.

Nesta receita, vamos também aplicar técnicas ensinadas no capítulo "Vegetais", como o branqueamento e a técnica de preenchimento, que neste caso será feito com batatas.

PASSO A PASSO

INGREDIENTES

- Peito de frango cortado em cubos irregulares, mas de tamanhos parecidos
- Óleo para saltear
- Batata cozida
- Colheres
- Cenoura cortada em meia-lua e branqueada
- Pimenta vermelha ou pimentão vermelho cru
- Tinta para aves de "Acabamento suculento" (p. 42)
- Alfinetes
- Cebolinha, talo cortado em rodelas largas e pontinhas cortadas na diagonal
- Gergelim branco torrado
- Pincéis
- Pinças
- Tábua de corte

MODO DE PREPARO

1. Comece separando os ingredientes.
2. Salteie os cubos de frango por cerca de 1 minuto numa frigideira quente untada com um fio de óleo. A intenção aqui é apenas dourar a parte externa e deixar o interior cru para preservar os líquidos e o peito de frango continuar gordinho, corado e suculento. Este processo também pode ser feito com o maçarico ou soprador térmico, mas saltear será mais rápido.
3. Limpe bem o recipiente que vai receber o preparo e forre com uma base homogênea de batatas cozidas esmagadas. Use uma colher para deixá-la o mais lisa possível.
4. Em um bowl, misture bem o frango, a cenoura e a pimenta com a tinta com acabamento suculento até que todos os ingredientes fiquem envoltos no molho.
5. Comece a fixar os ingredientes na camada de batata amassada usando alfinetes para garantir uma base mais firme. Deixe sempre os pedaços mais bonitos para colocar na parte superior do preparo e considere uma ordem de ingredientes para obter uma sequência harmoniosa. Comece colocando 7 pedaços de cenoura.
6. Em seguida, coloque 7 pedaços de pimenta.

7. Depois coloque 7 pedaços de frango. Os números ímpares geram uma composição que o nosso cérebro entende como mais harmoniosa, mais agradável de olhar.
8. Finalize a montagem posicionando os pedaços mais bonitos e alguns talos de cebolinha cobertos de molho, porque queremos fazer parecer que a cebolinha foi cozida com os demais ingredientes.
9. Coloque a cebolinha cortada na transversal sem molho. Ela serve de finalização e decoração do prato.
10. Coloque o gergelim aos poucos até obter a aparência desejada, porque, se colocar demais, o processo de retirar um a um será trabalhoso e demorado.

Pronto, temos o nosso frango oriental pronto e belíssimo para modelar por horas!

Este preparo exemplifica muito bem a importância das camadas, do número que utilizamos na composição e de como a proteína fica mais bonita e mais apetitosa quando crua ou minimamente cozida.

FRANGO GRELHADO

O peito de frango grelhado é um preparo que está presente em quase todos os restaurantes, e é uma opção de proteína para quem busca uma dieta mais saudável por seu baixo teor de gordura. O preparo que irei mostrar aqui dá destaque para o corte do peito de frango, as técnicas para obter as marcas de grelhado e a coloração, com um passo a passo da técnica que mais utilizo.

PEITO DE FRANGO

Como sempre, os primeiros cuidados começam durante as compras. Opte por filés mais íntegros, com um formato bonito, um corte mais preciso e com menos recortes e aparas. Já a espessura do peito vai variar de acordo com a proposta da produção, mas você sempre pode filetá-lo se estiver muito espesso.

Ainda que escolhamos o filé mais bonito, sempre podemos melhorá-lo, mas para isso é importante entender o formato natural do corte que vamos trabalhar. Então, com uma tábua e uma faca afiada, retire as aparas e deixe o peito de frango com o formato mais orgânico, parecido com a palma da mão com os dedos encostados (veja o exemplo nas imagens). O importante é que quem for olhar o preparo consiga identificar do que se trata espontaneamente. Um peito de frango quadrado, por exemplo, perde toda a forma natural do corte e não fica nada bonito.

Assim como outros tipos de carne, o frango desidrata e murcha depois de cozido, por isso sempre cozemos apenas o suficiente para a superfície perder o aspecto de crua.

MARCAS DE GRELHADO

Normalmente, as marcas de grelhado são obtidas em frigideiras de ferro estriadas, grelhas ou *char broiler*, mas, quando o assunto é food styling, nós precisamos ter mais controle sobre o resultado do grelhado, e nem sempre podemos contar com esses equipamentos nas locações de trabalho. Então, vou mostrar a seguir as principais técnicas para fazer essas marcas.

GRELHANDO COM FRIGIDEIRA ESTRIADA

Uma técnica muito usada, e que eu recomendo para quem tem menos segurança para fazer as marcas, é grelhar com uma frigideira ou chapa de ferro estriada, porque assim as marcas ficam com um espaçamento e padrão mais precisos. É imprescindível que a chapa ou frigideira seja de ferro para obter um bom resultado.

Primeiro aqueça muito bem a frigideira em fogo alto e pincele a carne com óleo, apenas o suficiente para não grudar. Quando estiver bem quente, coloque a carne e deixe, sem mexer, até atingir as marcas desejadas. Você pode fazer as marcas apenas no lado que vai aparecer para evitar que a carne perca muito líquido e murche por excesso de cocção, principalmente quando for trabalhar com filés mais finos. Mas, se o filé for muito grosso, e a parte de baixo ficar com aparência de crua, grelhe levemente, apenas o suficiente para perder o aspecto de cru; um maçarico também pode ser usado para essa finalidade, ou mesmo para dourar apenas as laterais.

GRELHANDO COM ACENDEDOR ELÉTRICO DE CARVÃO

O acendedor elétrico de carvão tem uma haste de aço que aquece, e o seu manuseio exige alguns cuidados, mas é a técnica que mais uso. Separe alguma superfície resistente ao calor para colocar o equipamento e desligue-o assim que terminar de usar. Leia as instruções do fabricante antes de usar pela primeira vez.

Antes de fazer as marcas com o acendedor elétrico de carvão, temos que selar a superfície da carne. Como sempre, aqueça uma frigideira antiaderente em fogo alto, coloque um pouco de óleo ou pincele um pouco no filé. Quando a frigideira estiver bem quente, coloque a carne apenas para selar a sua superfície.

Planeje a localização das marcas na carne, que ainda estará levemente besuntada em óleo da etapa anterior. Ligue o acendedor na tomada e, quando estiver quente, comece a fazer as marcas paralelas, mantendo sempre uma distância igual entre elas, já que queremos reproduzir o efeito de uma grelha. Você também pode fazer as marcas cruzadas, como faço no passo a passo do "Steak" (p. 112).

Dependendo do tipo de alimento, você pode trabalhar com o acendedor aquecido, mas desligado. Isso vai te proporcionar um maior controle, reduzindo o risco de tostar demais o modelo. Costumo fazer isso quando quero fazer as marcas de grelhado em pães, que queimam facilmente quando o acendedor está ligado na tomada, com a haste muito quente.

GRELHANDO COM UMA HASTE DE METAL

A haste (ou espeto) de metal aquecida pode ser uma alternativa às técnicas anteriores. Costumo usá-la quando preciso fazer marcas de grelhado em linguiças, porque é possível controlar melhor a temperatura. Um acendedor elétrico de carvão, por exemplo, aquece demais e acaba rasgando a pele da linguiça.

Neste caso, você vai precisar da haste de metal com tamanho e espessura adequados para o seu objetivo e de uma fonte de calor para aquecê-la, como a chama de um fogão ou mesmo de um maçarico.

Em primeiro lugar, sele a carne conforme descrito anteriormente em "Grelhando com acendedor elétrico de carvão". Em seguida, esquente a haste de metal – caso ela não tenha uma base de madeira ou plástico, você vai precisar de algum material resistente à temperatura para poder segurá-la. Quando estiver bem quente, faça as marcas paralelas, mantendo uma distância equivalente entre cada uma para obter um efeito realista de grelha.

PASSO A PASSO

INGREDIENTES

- Peito de frango
- Faca
- Tábua de corte
- Azeite de oliva
- Acendedor elétrico de carvão
- Tinta para aves de "Acabamento rústico" (p. 42)
- Pincéis
- "Caramelo" (p. 39)
- Folhas de salsinha
- Salsinha picada
- Laranja

MODO DE PREPARO

1. Separe os ingredientes da produção.
2. Comece selecionando e cortando o filé do peito de frango. O formato é muito importante nesse tipo de preparo, para que ele seja facilmente identificado. Para isso, corte as aparas do frango usando uma faca afiada e uma tábua de corte.
3. Aqueça bem uma frigideira antiaderente em fogo alto, unte com um pouco de azeite (ou pincele no próprio filé) e sele a superfície da carne apenas o suficiente para perder o aspecto de cru, mantendo o interior malcozido e suculento.
4. Escolha o lado mais bonito do filé, que ainda estará besuntado de azeite por causa do passo anterior, e faça as marcas de grelhado em linhas paralelas e com espaçamento padronizado, mantendo uma distância equivalente entre elas para mimetizar o efeito da grelha. Neste passo a passo, utilizei o acendedor elétrico de carvão. Siga os cuidados descritos em "Marcas de grelhado".
5. Depois de grelhado, pinte os filés com a tinta de sua preferência. Aqui usei uma demão da tinta para aves de acabamento rústico, aplicada com um pincel largo. A tinta usada vai variar de acordo com o resultado desejado.

Pincele um pouco do caramelo nas marcas de grelhado usando um pincel pequeno e macio para obter um efeito caramelizado mais natural.

6. Repare na diferença entre um filé com e sem a pintura. Apenas uma demão da tinta já fez um frango pálido parecer mais caramelizado e apetitoso, diminuindo o contraste entre a cor da carne malpassada e a marca de grelhado.

Se na hora do click o frango estiver com um aspecto ressecado, pincele um pouco de azeite para reanimá-lo. Como a intenção desta produção é de um acabamento mais rústico, separe a tinta, a salsa e a laranja para finalizar os modelos já em cena e desenvolver alguns ruídos. Agora, se você quiser uma produção mais limpa, faça todos esses acabamentos longe do cenário para manter tudo limpo e sob controle.

Um recorte mais aproximado da produção, evidenciando a proposta de um acabamento mais rústico e despojado. Note que, apesar de a carne estar fria, temos a impressão de que está quente e suculenta. Isso se deve à pintura e ao brilho obtido pelas pinceladas de azeite.

CARNES

FRANGO GRELHADO COM LEGUMES

O frango grelhado é muito ligado a uma dieta saudável, por isso vou apresentar aqui outro preparo que o explora. Desta vez, vou montar um frango grelhado em tiras, compondo um prato com legumes também grelhados, como uma referência de consumo.

LEGUMES GRELHADOS

As técnicas para grelhar os legumes são as mesmas que vimos para grelhar proteínas, mas com algumas diferenças que visam respeitar as características desses ingredientes, que são muito mais sensíveis do que as carnes.

Portanto, não é necessário selar os legumes antes de fazer as marcas de grelhado, ainda que alguns deles, como cenoura e brócolis, possam passar pelo "Branqueamento". Considere também que, para fazer marcas de grelha, o tempo de contato deverá ser menor a fim de que o ingrediente não seja danificado. Para facilitar, vou resumir os passos:

FOOD STYLING

- Corte os legumes de acordo com a estética desejada.
- Considere a necessidade, ou não, de branquear alguns legumes, como cenouras e brócolis.
- Mantenha os legumes hidratados com papel-toalha molhado até a hora de grelhar.
- Pincele uma camada fina de azeite sobre os legumes.
- Grelhe usando a técnica de sua preferência.
- Caso os legumes não sejam usados imediatamente após grelhados, guarde-os em uma bandeja coberta com papel-toalha embebido em azeite. Se os legumes secarem quando já estiverem na produção, pincele um pouco de azeite para deixá-los com um aspecto mais fresco.

PASSO A PASSO

INGREDIENTES

- Peito de frango
- Faca
- Tábua de corte
- Azeite de oliva
- Acendedor elétrico de carvão
- Pegador ou pinça
- Tinta para aves de "Acabamento rústico" (p. 42)
- "Caramelo" (p. 39)
- Cenoura
- Abobrinha
- Laranja
- Salsinha picada e em folhas

MODO DE PREPARO

Comece seguindo a receita do "Frango grelhado" (passos 1 a 5), apresentado anteriormente, e depois continue com os passos a seguir:

1. Corte o filé de frango grelhado em tiras.
2. O interior da carne estará cru, por isso cozinhe levemente apenas as faces internas do filé sem deixar que elas dourem, afinal queremos que pareça que o filé foi cortado depois de grelhado. Para isso, aqueça bem uma frigideira com uma fina camada de água para gerar vapor e sele levemente a parte crua até atingir um tom branco de cozido. Use um pegador ou pinça para posicionar as tiras e não estragar as marcas de grelha, e mantenha a ordem dos pedaços para remontá-los posteriormente no formato do filé.
3. Posicione as tirinhas no prato, mantendo a ordem original e, se necessário, reaplique a pintura usada anteriormente apenas na parte com marcas de grelhado.
4. Branqueie as cenouras picadas.
5. Besunte os legumes e a laranja em azeite e faça as marcas de grelhado usando a técnica de sua preferência. Aqui, usei o acendedor elétrico de carvão.
6. Com um pincel fino, passe um pouco de caramelo nas marcas de grelhado. Esse passo ajuda a simular o suco do ingrediente caramelizando nos pontos que tocam a grelha.
7. Monte o prato e, se os ingredientes ressecarem, aplique uma fina camada de azeite com a ajuda de um pincel. Finalize com a salsinha, e ele está pronto!

BACON DOS DEUSES, ONDULADO E CROCANTE

Pelo título, você já percebeu que sou um apaixonado por bacon! E, por mais que eu o ache lindo do jeitinho que ele é, existem, sim, técnicas para deixá-lo ainda mais apetitoso. Pode acreditar!

O segredo para aquele bacon ondulado com um leve brilho caramelizado que todo mundo quer você vai ver aqui.

PASSO A PASSO

INGREDIENTES

- Assadeira antiaderente
- Papel-manteiga
- Papel-alumínio
- Bacon (o mais magrinho possível) fatiado
- Pincéis de tamanhos diferentes
- Glucose de milho
- Pinça
- Papel-toalha

MODO DE PREPARO

1. Separe os ingredientes para o preparo.
2. Forre a assadeira com papel-manteiga. Faça rolinhos com o papel-alumínio, formando cilindros de acordo com a quantidade desejada de ondas no bacon. Ajuste o diâmetro dos rolinhos com base no tamanho da onda desejada.
3. Posicione os rolinhos paralelamente, mantendo uma distância entre eles equivalente à largura do rolinho.
4. Coloque as fatias de bacon sobre os rolinhos, fazendo com que elas fiquem no formato das ondinhas.

5. Pincele uma quantidade bem pequena de glucose sobre o bacon. A quantidade tem que ser pequena para que a glucose não caramelize antes do bacon, pois isso criaria pontos escuros na sua superfície.

Dependendo do resultado que você quiser obter, não será necessário adicionar a glucose. Como em outros casos, teste com e sem este passo para entender melhor as diferenças. Com a glucose, ele ficará mais brilhoso; e sem, o resultado será um bacon mais sequinho e crocante.

6. Leve ao forno a 200 °C por 8 minutos, desligue-o e deixe a assadeira dentro por mais 10 minutos. O tempo de forno pode variar de acordo com o equipamento. Retire do forno e você terá o seu bacon irresistível.

Sei que vai ser difícil, mas resista! Não coma o bacon! Lembre-se do motivo de você o estar preparando e se contenha.

BACON NO MICRO-ONDAS

O micro-ondas é uma alternativa ao forno convencional e pode ser muito útil a depender dos equipamentos disponíveis na locação. Mas, atenção, há uma mudança imprescindível para o processo funcionar de maneira segura: substitua o papel-alumínio por rolinhos de papel-toalha. O tempo também será alterado: comece com 30 segundos, verifique o resultado e, se necessário, coloque mais tempo, fazendo ciclos de 10 em 10 segundos até obter o resultado desejado.

Todo esse processo do bacon, seja no forno convencional, seja no micro-ondas, pode ser feito com antecedência. Basta armazená-lo de modo a preservar seu formato durante o transporte. Sugiro usar um pote de plástico com tampa e forrar bem o interior com papel-toalha para evitar que o bacon se movimente no interior do recipiente.

MAMINHA NO SAL GROSSO

Adoro trabalhar com carne bovina, e a experiência na gastronomia me ajuda muito com esse ingrediente. Conhecer os diferentes cortes e o comportamento da carne diante de diferentes tipos de cocção é fundamental para obter um resultado que seja bonito e fiel ao real. Além disso, peças grandes de carne costumam ter um preço alto, então elas precisam ser trabalhadas com muita atenção para não encarecer a produção, embora isso tenha que ser previsto no planejamento.

PREPARANDO A CARNE BOVINA

Todas as proteínas têm um processo parecido para styling, mas suas particularidades precisam ser consideradas para um bom resultado.

- Em primeiro lugar, conheça o corte que será trabalhado, não queremos que depois de fazer a limpeza de uma peça de maminha ela fique com cara de fraldinha.

- Considere o formato e o tipo de corte para planejar o seu posicionamento em cena, e o lado da carne que será destacado na produção.
- Trabalhe muito bem o casting da carne, escolha o melhor formato, com uma gordura mais clara e com uma cor mais saudável, vermelha e brilhosa. Fuja das carnes que estiverem com tom esverdeado ou escurecido.
- Se possível, evite usar carnes embaladas a vácuo, mas, se necessário, retire-a da embalagem com uns 20 minutos de antecedência. Em contato com o oxigênio por alguns minutos, ela vai recuperar a coloração mais avermelhada e bonita.
- Faça os cortes e a limpeza da carne antes de levá-la para cocção.
- Abuse do óleo vegetal para preservar a carne, tanto crua quanto cozida (ou assada). Preserve-a imersa em óleo depois de limpar ou depois de passar por cocção, isso evitará a oxidação e escurecimento da carne. Assim, ela ficará linda e hidratada até a hora de ser usada. Quando chegar a hora, basta deixar o óleo escorrer e passar para os próximos passos no styling do modelo.
- Uma pincelada ou uma borrifada de óleo ajudam a reavivar a carne crua ou cozida.
- Independentemente do tipo de cocção, siga a regra de cozinhar o mínimo possível, sempre em alta temperatura, apenas o suficiente para selar o exterior e fazer com que a superfície da carne não pareça crua.
- Quando for trabalhar a carne com algum tipo de cocção, deixe sempre um tom mais claro do que você realmente quer, pois no resultado da imagem a carne sempre fica um tom mais escuro do que vemos a olho nu. Se você deixar com o tom que deseja, o resultado da foto pronta será mais bem passado do que você gostaria.
- Quando a carne passar por algum tipo de cocção, aguarde até que ela atinja a temperatura ambiente antes de cortá-la. Assim vamos conseguir preservar os sucos internos e manter a sua coloração interna. Isso também reduzirá a quantidade de suco escorrendo da carne, o que pode estragar a produção.
- Para recriar aquele suco rosadinho no interior dos cortes, utilize água com corante vermelho, suco de beterraba ou angostura. Todos funcionam muito bem. Neste passo a passo da "Maminha no sal grosso", você verá que usei o corante vermelho.
- Sempre que for pintar uma proteína, deixe as arestas e as partes mais altas do corte com um tom mais escuro e mais tostado, pois é exatamente isso o que acontece quando a proteína passa por cocção.

Cortes de carnes para catálogo de uma rede de supermercados. Fotografia por Pedro Ribeiro (Estúdio Malagueta).

Agora vamos a nossas receitas, começando com uma carne assada e cortada em fatias. As carnes assadas geralmente têm uma certa uniformidade na cor, pois não têm marcas de grelhas ou molho. Elas apenas vão variar para mais ou menos passada, de acordo com a textura da peça.

PASSO A PASSO

INGREDIENTES

- Maminha
- Sal grosso
- Azeite de oliva
- Óleo vegetal
- Maçarico
- Pincéis
- Corante em gel marrom chocolate

- Facas
- Tábua de corte
- Corante em gel vermelho morango
- Chimichurri ou outro tempero seco
- Alecrim fresco

MODO DE PREPARO

1. Separe os ingredientes.
2. Neste preparo, a carne será assada. Para isso, preaqueça o forno a 280 °C por 15 minutos. Coloque a maminha limpa em uma fôrma antiaderente, com um pouco de sal grosso e azeite, para um aspecto mais rústico. Deixe a face da peça que será fotografada voltada para cima. Asse por 18 minutos a 280 °C. Apenas o suficiente para selar por fora e até que ela deixe de ter um aspecto de crua. Note que pode haver variação no tempo de acordo com o tipo de forno e o tamanho da peça. Reserve a carne para que ela resfrie até a temperatura ambiente.

Se não for usar a carne logo em seguida, coloque-a direto em um recipiente e cubra com óleo vegetal para preservar suas características.

3. Para obter um resultado de carne assada, sem que ela perca os sucos internos, toste um pouco com um maçarico, principalmente na parte da gordura, para que ela fique mais dourada e levemente queimada.

1

2

3

4

5

6

4. Pincele toda a carne com azeite para que ela fique hidratada. (Caso você tenha deixado a carne submersa em óleo, pule este passo, deixando a carne escorrer um pouco até que o excesso de óleo tenha saído.)
5. Misture o corante em gel marrom com um pouco de óleo e pinte a carne com um pincel largo para deixá-la com uma tonalidade mais bem passada. Teste a pintura no lado de baixo da carne antes, até obter o resultado desejado.

A pintura também pode ser feita com caramelo. Foi usado corante em gel aqui apenas para demonstrar a aplicação de outra técnica.

6. Fatie a carne na espessura desejada e a mantenha montada na ordem dos cortes para remontá-la posteriormente na tábua que será usada na produção.
7. Defina a posição da carne na tábua. Se necessário, teste com outro objeto do mesmo tamanho para então posicioná-la no local desejado – é importante planejar antes para não sujar a tábua. Posicione a primeira e a última fatia da carne e em seguida vá colocando as demais, formando um suave zigue-zague para um resultado bonito e natural.
8. Leve a tábua para o set e, se necessário, reforce a pintura com a mistura de corante marrom com óleo, ou caramelo, na face exterior da carne.
9. Pincele um pouco de água com corante em gel vermelho no interior das fatias para reavivar o suco da carne e dar aquele aspecto suculento e malpassado.
10. Posicione os demais itens da produção. Neste caso, usei chimichurri desidratado, sal grosso e ramos de alecrim. Antes da foto, dê uma pincelada de azeite na carne. A maminha está pronta para as câmeras!

STEAK

Ainda falando sobre as carnes vermelhas, não poderíamos deixar de lado o clássico steak (ou bife mesmo) grelhado com batatas rústicas. Este prato é hit no mundo todo e um queridinho dos foodies e bloggers de churrasco – e não por acaso, já que, além de delicioso, ele é superfotogênico. Faremos aqui uma composição básica do bife que te dará a base para desenvolver muitas outras composições e combinações.

PREPARANDO O STEAK

Leve em consideração o que foi abordado no tópico "Preparando a carne bovina", então comece limpando e cortando a peça para deixá-la com o formato característico do corte escolhido. Neste caso, usei o ancho.

Para selar o steak, unte uma frigideira antiaderente com um pouco de óleo (ou pincele na própria carne) e aqueça-a muito bem, para somente então colocar a carne. Garanta que toda a sua superfície entre em contato com a frigideira para obter um resultado uniforme, e procure sempre usar um pegador que não

perfure ou crie marcas no bife. No caso deste passo a passo, selei cada lado da carne por 30 segundos.

Dê uma atenção especial à gordura. Essa parte pode ficar um pouco mais de tempo em contato com a frigideira quente, para que fique bem dourada e perca o aspecto de crua.

Depois de selada, deixe a carne esfriar até atingir a temperatura ambiente antes de cortá-la, para preservar os sucos e manter a carne suculenta. Esses são os cuidados com o steak antes de começarmos o passo a passo, quando serão feitas as marcas de grelhado.

Se for necessário agilizar o processo para cortar a carne, você pode levá-la ao congelador, embebida em óleo, por alguns minutos. Outra opção para resfriar peças menores é o spray secante de esmaltes, que é muito prático.

A mesma frigideira usada para preparar o bife pode ser usada para as batatas, mas antes corte-as, com casca mesmo, em pétalas, e cozinhe em água fervente por 3 minutos. Então escorra e faça o mesmo processo realizado com o steak. A diferença aqui é que a batata pode ficar bem tostada.

Assim teremos batatas firmes, pois foram pouco cozidas, mas com um aspecto rústico e tostado. O acabamento que será dado às batatas é apresentado no passo a passo:

PASSO A PASSO

INGREDIENTES

- 2 steaks previamente selados e em temperatura ambiente
- Estilete
- Faca
- Maçarico
- Acendedor elétrico de carvão
- 1 colher (sopa) de "Caramelo" (p. 39)
- 1 colher (sopa) de glucose de milho
- 6 batatas pequenas cortadas em pétalas e tostadas (ver "Preparando o steak", p. 112)
- 1 moedor de pimenta
- Pimenta-do-reino preta
- Ramos de alecrim
- 1 colher (sopa) de sal de parrilla
- Grãos de mostarda
- Pinças
- Pincéis
- "Spray de frescor eterno" (p. 78)

MODO DE PREPARO

1. Separe os ingredientes para o preparo.
2. Com a carne já selada, verifique a necessidade de cortar mais alguma apara. Para isso, use um estilete ou faca afiada.
3. Caso tenha feito algum corte no passo anterior, use o maçarico para selar a parte exposta da carne, já que o seu interior deve estar cru.
4. Faça as marcas de grelha usando o método de sua preferência. Aqui, usei o acendedor elétrico de carvão. Desta vez, optei por fazer as marcas de grelha cruzadas. Comece normalmente, definindo os locais das marcas e mantendo uma distância igual entre elas. Faça as marcas paralelas.

5. Para fazer as marcas transversais, procure formar losangos, evitando o formato quadrado, que não é tão natural nem muito interessante visualmente. Pincele um pouco de caramelo nas marcas de grelha para simular a caramelização do suco da carne, isso ajuda a aumentar o apelo visual. Faça o mesmo nas arestas do bife, que normalmente ficam mais em contato com a frigideira e têm um aspecto mais tostado.
6. Com a ajuda de um pincel, passe um pouco de glucose e caramelo nas batatas tostadas na mesma frigideira da carne. Isso vai reforçar a aparência de que elas foram preparadas junto com a carne, criando um visual ainda mais apetitoso.
7. Finalize as batatas com pimenta-do-reino moída na hora, para um aspecto mais rústico.
8. Monte o prato começando com os bifes sobrepostos. Deixe o steak mais bonito por cima.
9. Coloque as batatas ao lado, formando uma meia-lua e dando contorno ao preparo.
10. Posicione os ramos de alecrim em três pontos do prato. Coloque-os sobre as batatas, no encontro das batatas com a carne e sobre a carne, formando um triângulo para criar uma ligação entre os dois principais itens do prato.
11. Crie ruído com algumas folhinhas de alecrim, o sal de parrilha e grãos de mostarda, gerando pontos de humanização no preparo.
12. Quando estiver posicionado no cenário, se necessário, renove o brilho do prato borrifando óleo ou o spray de frescor eterno. Dê os últimos retoques na pintura e sucesso!

CARNES

PORK RIBS

O american barbecue está cada vez mais popular no Brasil, seja em restaurantes, em hamburguerias ou em festivais de churrasco. Fui chef executivo de um dos maiores festivais de churrasco do Brasil, o Carnivoria – que, em 2019, reuniu mais de trezentas mil pessoas em dezesseis edições que passaram por cinco estados –, e posso afirmar que um dos ícones desse universo é a costelinha suína defumada com molho barbecue.

A escolha deste preparo não foi por acaso, foi pensada para exemplificar os cuidados e as técnicas para trabalhar com carnes que têm o osso aparente. E, como a costelinha suína é um prato que se consome com os ossos, é interessante deixá-los mais evidentes, para que o corte fique mais óbvio, além de ser visualmente mais interessante.

PREPARANDO A COSTELINHA SUÍNA

Depois de selecionar e comprar as costelinhas mais bonitas do seu açougue de preferência, limpe a carne retirando o excesso de gordura e escolha o método de cocção.

A costelinha suína pode passar por dois métodos de cocção para aparecer nas câmeras. Uma delas é cozinhá-la completamente submersa em água até que perca o aspecto de crua. Neste caso, depois de cozida, deixe-a escorrendo e seque bem com papel-toalha para posteriormente receber a pintura.

A segunda opção, que foi a usada neste passo a passo, é assar a carne. Para isso, leve a costelinha ao forno preaquecido e deixe-a assando em 280 °C por 20 minutos.

Planeje a aparência desejada para os ossos e, então, remova a carne que envolve as pontas que ficarão à mostra. Comece com uma faca afiada, mas, se necessário, use estilete e pinça para retirar os pedaços mais difíceis.

Depois, é secar e pintar a carne, mas isso veremos no passo a passo a seguir.

PASSO A PASSO

INGREDIENTES

- Costelinha de porco já limpa e pré-assada
- Limpa-vidros
- Papel-toalha
- Azeite de oliva
- Maçarico
- Caramelo
- Molho barbecue
- Glucose de milho amarela
- Pincéis
- Pinças
- Limão
- Salsinha em ramos

MODO DE PREPARO

1. Separe os ingredientes para o preparo.
2. Com a costelinha limpa, pré-assada (ou pré-cozida) e com os ossos à mostra, comece a limpar a superfície da carne com o limpa-vidros para receber a pintura.
3. Seque muito bem com papel-toalha.
4. Pincele a costelinha toda com uma camada fina de azeite.
5. Toste levemente toda a peça com o maçarico, incluindo os ossos (a parte dos ossos deve levar um pouco mais de tempo de maçarico para atingir a cor ideal).
6. Misture o caramelo com um pouco de óleo. Teste o resultado na parte de baixo ou em outra peça para garantir o resultado desejado. Então, pinte a carne e os ossos para obter o aspecto de assado. Se for necessário mais uma demão de pintura, seque essa camada com o calor da chama do maçarico e aplique a nova camada.

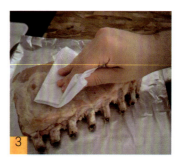

7. Sobre a camada de caramelo, pincele uma mistura de molho barbecue com glucose de milho amarela.

8. Use o pincel para criar uma faixa que acompanha a linha da costela e outra que acompanha a parte de carne entre as costelas, para evidenciar aquele ondulado próprio das costelinhas. Aqueça levemente essa pintura com o calor da chama do maçarico para obter um resultado caramelizado. Pronto, agora leve o modelo para a cena e termine a produção.

Note a diferença obtida com um simples padrão na hora de passar o pincel nas costelinhas. As pinceladas seguindo a linha das costelas evidenciam o formato natural deste corte com ossos.

RIBS CORTADAS

Para produzir a costelinha suína com as ripas cortadas, depois que a pintura da peça for concluída, use uma faca do chef afiada para cortar paralelamente a carne entre os ossos. Caso a parte de dentro do corte esteja à mostra, pincele a mesma mistura de molho barbecue, de leve, para dar uma sujadinha e um pouco de brilho. Assim como foi feito com as fatias da maminha assada, posicione as costelinhas em um leve zigue-zague para criar movimento e interesse na produção, o famoso perfeitamente imperfeito.

Aqui, utilizei limões e salsinha para compor a cena junto de um pote com o molho barbecue e um pincel sujo que, na teoria, foi utilizado para passar o molho nas costelinhas.

SALMÃO

O peixe não poderia ficar de fora deste livro, afinal esta proteína tem características que exigem alguns cuidados a mais além dos que foram vistos até aqui.

Neste passo a passo, vamos preparar um tranche de salmão servido com vegetais, já que este é um prato normalmente associado a uma dieta saudável. As suas cores vibrantes reforçam ainda mais essa característica de saudabilidade, dinamismo e atividade física. A paleta escolhida, tanto para os ingredientes quanto para o prato, criou contrastes entre cores complementares, produzindo um resultado visualmente interessante.

STYLING DE PEIXES

A carne dos peixes é mais frágil do que as demais, portanto os cuidados com a compra, o transporte e o manuseio devem ser redobrados.

Compre sempre em um fornecedor de confiança, de preferência um dia antes da produção. Se você precisar de um peixe inteiro, verifique se ele está com os olhos vivos, as guelras avermelhadas, a carne firme, e se o cheiro é característico de peixe fresco. Analise toda a peça, para identificar se não há nenhum corte, e o estado das nadadeiras e escamas.

Para os filés de peixe, verifique se a carne está firme, se o corte é preciso, sem retalhos, e a altura do filé. Gosto de trabalhar com um filé mais alto, mas isso dependerá do objetivo da produção.

Durante as compras, deixe para pegar o peixe por último, para que ele se mantenha fresco, e, se possível, disponha de uma caixa térmica com gelo no carro para mantê-lo resfriado.

A cocção do peixe segue a mesma linha das demais carnes, ou seja, cozinhe o mínimo possível, apenas o suficiente para que o exterior fique com aspecto de cozido. Quanto mais fresco e cru se mantiver o interior da carne, melhor, já que a carne do peixe, quando muito cozida, além de encolher e perder líquido, tem suas fibras tensionadas, podendo se desmanchar facilmente.

Para garantir que a carne do peixe fique crua no seu interior, você pode mantê-la refrigerada até o momento de levar à frigideira. Assim, enquanto a superfície doura, o seu interior vai demorar mais para aquecer, permanecendo cru.

É o que indico fazer com este salmão. Retire o tranche já porcionado da geladeira, pincele com óleo e leve à frigideira antiaderente, já bem aquecida, para selar todos os lados. Vire o peixe com cuidado, de preferência usando ferramentas que não sejam pontiagudas ou com a ajuda da própria mão para colocá-lo sobre uma espátula de metal que sustente bem a peça.

Retire da frigideira para resfriar, mas mantenha a espátula sob o filé para transportar e manusear a peça, retirando apenas quando chegar a hora de colocá-la no prato ou utensílio em que será servido.

No caso de peixes ainda mais sensíveis, você pode colocar a base do peixe depois de selado sobre uma lâmina de isopor (papel-cartão ou papelão também funcionam) para não correr o risco do filé desmanchar. Mantenha esta base mesmo quando for servir, garantindo apenas que ela não apareça.

Agora, com o salmão selado, vamos ao passo a passo.

PASSO A PASSO

INGREDIENTES

- 2 tranches de salmão previamente selados e em temperatura ambiente
- Espátula
- Glucose de milho amarela
- "Caramelo" (p. 39)
- Esponjas de maquiagem
- Fixador de dentadura
- Cureta
- Tomatinhos em rama
- Ervilhas-tortas limpas e branqueadas
- Limão-siciliano
- Folhas de salsinha
- "Spray de frescor eterno" (p. 78)
- Papel-toalha
- Pincéis
- Pinças

MODO DE PREPARO

1. Separe os ingredientes para o preparo.
2. Com o salmão já selado, coloque-o sobre uma espátula que comporte toda a peça e a mantenha aí durante todo o processo de styling para reduzir os riscos de quebrar ou deformar. Como falado anteriormente, você pode ainda colocar alguma base sob a peça para aumentar sua sustentação. Neste caso, garanta que a base não fique aparente para as lentes.
3. Pincele toda a peça com a glucose de milho amarela.
4. Nas partes mais altas e nas bordas do filé, ou seja, nas partes que têm mais contato com a superfície da frigideira, pincele o caramelo para deixá-las mais douradas e com aspecto de tostado.
5. Retire o excesso de caramelo para dar uniformidade à pintura com a ajuda de uma esponja de maquiagem.
6. Cubra qualquer imperfeição usando o fixador de dentaduras e uma pinça.

7. Espalhe o fixador com uma cureta (ou outra ferramenta de sua preferência) até deixar a superfície homogênea.
8. Pinte esta parte usando um pincel sujo de caramelo para uniformizar com a pintura do restante do salmão.
9. Use o fixador de dentaduras para fixar o peixe no prato e evitar que ele escorregue.
10. Adicione os tomatinhos em rama e as ervilhas-tortas.
11. Acrescente as fatias de limão-siciliano e as folhas de salsinha, formando triângulos ou em número ímpar.
12. Leve o prato ao cenário, faça os últimos retoques e, se necessário, borrife o spray de frescor eterno sobre os itens do prato.

CARNES

VAPOR, FUMAÇA E FOGO!

VAPOR

Adicionar vapor, fumaça ou fogo é uma função normalmente executada por efeitistas, mas, em alguns casos, pode ser feita por food stylists.

No caso do vapor, como na maior parte das vezes trabalhamos com o alimento em temperatura ambiente, dificilmente ele vai emitir algum tipo de vapor natural. Portanto, se a produção exigir a presença do vapor, existem alguns artifícios que podem ser aplicados para obter esse efeito:

1. **Steamer para roupas.** Este eletrodoméstico gera um vapor menos direcionado e mais difuso. Pode-se emitir esse vapor d'água com ele escondido na parte de trás da produção, pode-se vaporizar sobre o alimento momentos antes da foto para capturar o vapor residual ou pode-se ainda direcionar esse vapor com algum funil, canudo ou mangueirinha (para isso, aquelas mangueiras para aquários são ótimas).

2. **Cigarro eletrônico.** É preciso ser tragado e assoprado para gerar a fumaça/vapor. O vapor é mais compacto e mais denso do que o do steamer e pode ser direcionado por uma mangueirinha ou por uma pipeta (aqueles aspiradores nasais para bebês). O cigarro eletrônico é ótimo para colocar no seu kit de styling, pois praticamente não ocupa espaço.

3. **Absorvente interno, algodão ou papel--toalha.** Embebidos em água quente, esses materiais soltam vapor. Escolha um deles, molhe e aqueça bem no micro-ondas – é a forma que considero mais fácil –, e depois esconda atrás da produção ou dentro do recipiente (quando não se vê o que tem dentro dele, é claro) para ter um vapor real saindo da sua produção.

Se houver a possibilidade, sempre recomendo adicionar esse efeito na pós-produção da imagem, porque o vapor, assim como a fumaça, é muito difícil de controlar. Algumas vezes, a câmera não capta bem o resultado, enquanto em outras o resultado fica exagerado, mas vale a pena conhecer e testar essas técnicas. Evite usar fumaça, como a de cigarro ou defumador, para replicar o vapor, pois o resultado não fica realista.

FUMAÇA E FOGO

Trabalhar com fogo não é uma tarefa fácil, o processo pode ser bastante trabalhoso e demorado. O posicionamento do fogo ou chama é orientado pelo fotógrafo, e existem algumas formas de agregar à imagem esses elementos junto com a fumaça, ainda que a pós-produção sempre possa dar uma mãozinha, adicionando-os sem nenhum risco de fogo ou incêndio, não é?

Tome todos os cuidados mencionados pelos fabricantes dos produtos usados para obter as chamas ou fumaça. Mantenha recipientes com produtos inflamáveis distantes do fogo e certifique-se de que a superfície usada não seja combustível e que não será danificada. Tenha sempre em mãos um extintor de incêndio.

- Para fogo com chamas bonitas e pouca fumaça, embeba algodão ou papel-toalha em fluido de isqueiro ou acetona, coloque em uma superfície resistente ao fogo e acenda. Evite o álcool em gel, pois a sua chama é azulada e, muitas vezes, invisível.

- Para produções com um enquadramento menor, a chama de um maçarico pode funcionar, mas ela costuma ser direcionada e ter um formato não muito natural.

- Para fazer fumaça, borrife um pouco de óleo ou mesmo spray desmoldante sobre o fogo.

- Outras opções para gerar fumaça são o incenso, bastando colocá-lo na parte de trás do modelo que será fotografado, e o cigarro eletrônico, que também pode ser aplicado do mesmo modo ensinado para gerar o vapor.

- Para criar aquele efeito de braseiro, com o carvão bem avermelhado, é possível pintar o carvão com tinta fluorescente vermelha e amarela, espalhar sobre uma superfície transparente e direcionar uma luz vermelha por baixo do carvão. Finalize polvilhando um pouco de cinzas sobre o carvão para dar mais realismo. A chama deve ser adicionada na pós--produção da imagem.

OUTRAS TÉCNICAS

Algumas técnicas que não foram aprofundadas em nenhum passo a passo, mas que também podem ser muito úteis, são apresentadas a seguir.

- **Cobrindo buraco em carnes.** Tenha sempre no seu kit uma pasta fixadora de dentaduras. Com ela, você garante que alimentos úmidos e escorregadios não fiquem deslizando no recipiente em que serão colocados, gruda aquele pedacinho de alimento que insiste em cair e cobre buracos ou fissuras em carnes, linguiças, peixes e hambúrgueres. Como o efeito fixante somente é ativado com umidade, pincele a pasta no local desejado e cubra com outro pedacinho do mesmo alimento ou pinte a sua superfície com a mesma tinta usada para tingir a carne (como fizemos no "Salmão").

- **Líquido borbulhando.** Para aquele efeito de comida bem quente e borbulhando, você pode usar uma mangueirinha de aquário com motor. Coloque a mangueira debaixo do alimento produzido, saindo de um ponto que não aparecerá em cena, e ligue o motor ou, caso não tenha o motor, assopre. O ar vai se espalhar por onde a mangueira estiver e dará a impressão de água fervendo.

- **Impermeabilização.** Algumas vezes, você terá que posicionar molho sobre uma superfície porosa e absorvente (sobre um pão, por exemplo). E, mesmo que o molho tenha sido drenado, pode acontecer de o pão absorver mais líquido e acabar ficando feio. Nesses casos, basta impermeabilizar essa superfície com algum impermeabilizante de tecidos, com verniz de cobertura ou até mesmo com spray de cabelo. Esse processo garantirá uma maior vida útil à sua produção.

CARNES

SANDUÍCHES

Já percebeu como os sanduíches são compostos de camadas de ingredientes? É por isso que eles são um excelente exemplo de construção de camadas, e o desafio é fazer com que cada uma delas fique evidente, de forma equilibrada e harmoniosa. Neste capítulo, vamos explorar a construção de camadas e posicionamento, e também os cuidados com os principais ingredientes dos sanduíches.

Fotografia por João M. Portelinha Neto.

HAMBÚRGUER

Sou um amante dos sanduíches, e o hambúrguer está no topo dessa paixão! Enquanto cozinheiro, entendo que esse lanche, famoso no mundo inteiro, é um verdadeiro parque de diversões para quem quer testar composições e combinações de sabores – e no food styling não é diferente. O hambúrguer é o tipo de preparo que evidencia o resultado de um trabalho bem-feito e revela a importância na construção de cada camada.

Costumo distinguir muito claramente três pegadas diferentes na produção de hambúrguer. Uma com um resultado "plástico", em que todas as camadas são milimetricamente posicionadas e o trabalho de pós-produção deixa o produto com um aspecto ultraperfeito, em um tipo de produção que é mais usado em embalagens de produtos de grandes marcas. Oposta a essa pegada, temos aquela produção com muito queijo derretido escorrendo, com camadas mais desalinhadas que vão para um conceito mais #foodporn, muito usado nas redes sociais. Já a terceira produção é o meio-termo entre essas duas, uma produção mais realista e comportada, que representa muito bem o lanche de um cardápio, mas que ainda assim deve ter um apelo para despertar o desejo do consumidor. Esta última é a que veremos no próximo passo a passo.

No entanto, em todos esses casos, as técnicas são quase sempre as mesmas, e o que varia são os ingredientes, a forma como eles são trabalhados e suas quantidades, tudo de acordo com a direção artística passada pelo cliente.

Antes de começar o passo a passo, vou aprofundar um pouco algumas questões importantes quando o assunto é styling de hambúrguer.

COMPRAS, SELEÇÃO E TRANSPORTE DOS INGREDIENTES

A seleção e a manipulação dos ingredientes para o preparo de um hambúrguer exigem alguns cuidados específicos. Assim como em outros preparos, a atenção que será dada a cada ingrediente vai depender do objetivo da produção.

Por exemplo, se o cliente é uma indústria de pães, este é o ingrediente que vai receber maior atenção na produção, aquele que deverá despertar o apelo para o consumidor. Nesses casos, o produto-foco de uma produção é fornecido pelo cliente – que deve entregar uma quantidade suficiente para fazer um bom casting –, e as suas características originais devem ser respeitadas. Nada de fazer um hambúrguer de 220 gramas se o original tem 150 gramas. O desafio aqui é torná-lo atraente, mas respeitando o original.

PÃO

Acredite, uma produção de hambúrguer pode ser arruinada se não tivermos um pão bonito. Imagine montar um hambúrguer com um pão amassado, murcho ou torto. Esse é um dos erros que fica mais evidente em uma produção desse tipo, então todo o esforço investido para selecionar e transportar com cuidado o pãozinho será recompensado no final.

Para comprá-lo, é preciso saber se o cliente tem alguma especificação quanto ao tipo de pão ou se podemos escolher o que acharmos que vai ficar mais bonito, para então decidir qual o fornecedor.

Se optar por uma padaria, o pedido deve ser feito com antecedência de pelo menos dois dias, e você deve garantir que todas as especificações quanto ao tipo de pão e formato sejam passadas corretamente, além de reforçar os cuidados com a embalagem. O ideal é que os pães não sejam embalados ainda quentes e, se possível, venham em pacotes individuais para não serem sobrepostos. Avisar que os pães serão usados para fotografia pode ajudar a garantir que todos esses cuidados sejam tomados.

Outra opção é selecionar entre pães prontos da padaria ou pães industrializados. A vantagem dos industrializados é que eles costumam ser padronizados e embalados de forma adequada; já os pãezinhos prontos da padaria nem sempre estarão lindos para a fotografia e vão exigir maior atenção no processo de compra.

Durante a compra, verifique com atenção o aspecto de cada pão, se a parte de cima está simétrica e arredondada, se não está amassado ou ressecado. Para cada hambúrguer que for preparar, compre pelo menos quatro pães para garantir que você tenha o protagonista perfeito para cada foto. Leve uma caixa para armazenar os pães e não coloque nada sobre eles.

Já no estúdio, mantenha todo o cuidado necessário para preservar os pães, selecione os mais bonitos e procure identificá-los (recomendo usar notas autoadesivas).

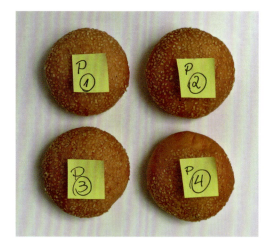

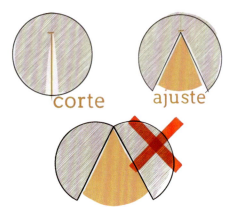

CARNE – HAMBÚRGUER

A carne para o hambúrguer pode ser comprada com um dia de antecedência e moldada no dia do uso. Independentemente do tipo de carne escolhida, para o styling, recomendo que o percentual de gordura seja de 10%. Isso vai conferir um aspecto mais uniforme ao blend do hambúrguer.

Como as carnes perdem um pouco de volume (e consequentemente de tamanho) quando cozidas, considere que a carne, após passar pela cocção, deve permanecer um pouco maior do que o pão escolhido para o sanduíche. Por isso, escolha um aro que tenha pelo menos um centímetro a mais de circunferência do que o pão. O uso do aro vai assegurar a padronização dos hambúrgueres, mas, caso não tenha um no tamanho ideal, você pode fazer círculos com papel vegetal no tamanho desejado e usá-los como moldes.

Quando você tiver que trabalhar com um disco de carne já moldado, é possível que ele não tenha o tamanho exato para o pão escolhido. Como queremos que a carne não fique pequena em relação ao pão, você pode fazer um corte até o centro do disco e abri-lo levemente para parecer que a sua circunferência é maior, deixando a parte recortada na parte de trás do lanche. Ao abrir o disco, deve-se tomar cuidado para não deformar a sua borda. Essa técnica é válida para quando o disco de carne não aparece por completo, quando o pão o cobre.

Para cortar o pão, posicione-o em uma superfície estável e, com uma faca de serra afiada, corte ao meio tomando cuidado para não o amassar. Ao cortar o pão, você pode deixar a fatia de cima levemente maior do que a de baixo, mas cuide para não as deixar com uma altura muito diferente. Com a ajuda de uma tesoura, corte as bordas para corrigir qualquer imperfeição e dar um acabamento mais preciso. Para ter fatias perfeitas, você pode usar a parte de cima de um pão e a de baixo de outro.

Deixar as bordas do hambúrguer mais retas transmite uma informação de produto industrializado, enquanto as bordas levemente arredondadas ou mais quebradiças produzem um aspecto mais artesanal. As escolhas de tamanho, peso e formato dependerão do objetivo do cliente, e ele tenderá a ser mais exigente com esse preparo quando o produto principal for o hambúrguer em si. Neste caso, a carne será o destaque, e o apelo de consumo será dirigido a ela.

O hambúrguer, depois de moldado, passa pela cocção. Para isso, é necessária uma frigideira antiaderente bem aquecida, uma vez que o objetivo é apenas selar a parte de cima e a parte de baixo da carne. A intenção aqui não é grelhar a carne, mas sim dourar-sua superfície para que perca o aspecto de crua. Em razão da pouca cocção, as laterais poderão permanecer cruas, então a solução é finalizar com um maçarico, mantendo uma distância para obter um resultado mais homogêneo.

Em seguida, entram as marcas de grelhado, que você pode fazer usando sua técnica preferida. Até este ponto, todo o processo pode ser realizado com antecedência, desde que os hambúrgueres (a carne moldada) sejam armazenados em um recipiente coberto de óleo. No dia da produção, basta deixar escorrer, secar o excesso com papel-toalha e passar para a pintura da carne.

A pintura e outros detalhes serão explicados melhor no passo a passo.

PASSO A PASSO

INGREDIENTES

- Carne moída moldada
- Aro para hambúrguer
- Maçarico
- Acendedor elétrico de carvão
- "Caramelo" (p. 39)
- Pincéis
- Azeite de oliva
- Pão de hambúrguer
- Faca de serra
- Tesoura
- Lâminas de isopor
- Alfinetes
- Alface-crespa
- Espátulas
- Queijo prato em fatias grossas
- Estiletes
- Tomate em fatias de 5 mm
- Cebola branca em fatias de 4 mm
- Maionese
- Seringa grande
- Papel-toalha
- "Spray de frescor eterno" (p. 78)
- Fixador de dentadura

Lembre-se: todos os itens da foto passaram por um casting e aqui estão apenas os mais bonitos!

MODO DE PREPARO

1. Separe todos os ingredientes sempre considerando o casting e a preservação dos protagonistas.
2. Começando pela carne, leve o hambúrguer já moldado a uma frigideira antiaderente bem quente, untada com um pouco de óleo. Sele os dois lados, até que eles comecem a dourar.
3. Como a borda do hambúrguer continuará crua e com aspecto avermelhado, sele a borda com um maçarico, mantendo uma distância uniforme para que o resultado seja homogêneo, mas não se preocupe se alguma parte passar um pouco mais do

ponto, porque isso traz mais naturalidade ao preparo.

Ao usar o maçarico, observe as instruções do fabricante. Use uma superfície resistente ao fogo, retire tudo que estiver no entorno e sempre mantenha distância de produtos inflamáveis.

4. Faça as marcas de grelhado utilizando seu método preferido. Neste caso, usei o acendedor elétrico de carvão, mantendo as marcas paralelas e com uma distância igual entre elas.

132

FOOD STYLING

5. Pronto, com todos os lados selados, agora é a vez de pintar a proteína. Com um pincel de cerdas macias, pinte o protagonista com o caramelo, aos poucos, para que não fique muito escuro. Lembre-se de deixar sempre um tom mais claro do que o desejado, porque na fotografia a carne fica com um aspecto mais bem passado do que o que vemos a olho nu. Pincele um pouco de azeite para dar brilho, e a carne está pronta.

6. Depois de ter selecionado os pães, corte-os com uma faca de serra (bem afiada), deixando a parte de cima levemente maior que a parte de baixo.

7. Com uma tesoura, corte as arestas para dar um acabamento mais bonito.

8. Para a marca de grelhado, usei novamente o acendedor elétrico de carvão, mas o pão pode ser selado em uma frigideira antiaderente, com ou sem as ranhuras, a depender do resultado desejado.

9. Agora vamos para a montagem das camadas do sanduíche. Inicie cortando duas lâminas de isopor com uma circunferência um pouco menor que a do pão e fixe-as com alfinetes na sua fatia inferior, uma na face de baixo para criar apoio e outra na face de cima para criar estrutura para o lanche e não umedecer. Repare que deixei uma pontinha na lâmina de baixo; ela serve para indicar a face do pão que não vai aparecer na foto e ajuda a movimentar o sanduíche sem propriamente tocá-lo.

10. Retire o talo da folha de alface e cruze as pontas inferiores formando um círculo, ela ficará literalmente como um saiote em todo o pão. Fixe essa saia sobre o isopor usando alfinetes.

11. Coloque sobre a alface mais uma lâmina de isopor.

12. Com uma espátula, coloque a carne sobre a lâmina de isopor, fazendo com que ela fique centralizada. Lembre também de posicionar corretamente o que está sendo considerado a frente do hambúrguer.

13. Corte o queijo com um estilete afiado para que suas linhas fiquem limpas e uniformes. Derreta a borda do queijo ("Queijo derretido", p. 137) que ficará aparente no lanche. Para isso, mergulhe essa parte do queijo em água quente, com cuidado para não se queimar, e posicione sobre o hambúrguer com essa ponta para a frente, na posição desejada.

14. Corte as fatias de tomate para formar um arco e retire a parte com as sementes, preservando apenas o que ficará visível. Faça um corte nesse arco e abra para que ele fique com uma circunferência maior, e então fixe suas pontas com alfinetes. Repita o mesmo processo com a cebola.

15. Passe um pouco de maionese na parte de dentro do pão apenas para servir como cola. Com uma seringa, posicione a maionese com precisão onde quiser. Lembre-se de colocar aos poucos, pois é preferível ter paciência colocando aos poucos do que ter que limpar excessos ou, pior, ter que refazer todo o preparo por causa de um detalhe que poderia ter sido evitado.

Para conservar as folhas de alface, o tomate e a cebola no set, cubra-os com um papel-toalha molhado. Se começar a secar, borrife água gelada sobre o papel, e eles ficarão lindos novamente. De acordo com o tipo de resultado que se quer obter, avalie também a possibilidade de borrifar o spray de frescor na borda do tomate.

A ordem dos itens do sanduíche poderá ser ditada pelo cliente, mas por uma questão estética, quando essa ordem não é um fator relevante, prefiro deixar a alface na base para um melhor acabamento.

Não custa lembrar que a parte que importa do sanduíche é a face que será fotografada, então, se a parte de trás estiver feia, sem problemas! Às vezes, isso é inevitável.

Fotografia por João M. Portelinha Neto.

SANDUÍCHE NO PÃO BAGUETE

O sanduíche com pão baguete é desses preparos que não canso de fazer – e olha que eu já fiz algumas vezes! Assim como no caso do hambúrguer, a construção de um belo sanduíche leva em conta altura, estrutura, camadas, contrastes e proporção.

Os cuidados com a compra dos pães são os mesmos citados anteriormente (em "Pão"), com uma diferença: normalmente não se encontra à venda o pão baguete industrializado, como é o caso do pão de hambúrguer ou de cachorro-quente. Portanto, a compra/casting deve ser feita com muita atenção. Compre pelo menos quatro pães por produção para garantir que terá o pão perfeito.

Os frios podem ser comprados com um dia de antecedência, com o cuidado de mantê-los refrigerados. Se possível, opte por uma espessura mínima de 2 mm para que as camadas fiquem bem estruturadas, criando mais altura no lanche e proporcionando suporte para os itens que virão acima.

Caso o produto vendido seja o sanduíche em si, a recomendação é usar as quantidades originais que compõem o lanche. Não caia na tentação de colocar quatro fatias de queijo em um lanche que leva duas. O desafio aqui é trabalhar bem cada camada para que todos os ingredientes fiquem evidentes, e evitar que o seu cliente enfrente problemas com uma imagem que não represente bem o sanduíche que é vendido. Agora, se o que está sendo promovido é a venda do peito de peru, por exemplo, aí você pode caprichar nas camadas desse ingrediente. O importante é validar com o cliente qual direção será tomada na produção, e está tudo certo.

PASSO A PASSO

INGREDIENTES

- Pão baguete
- Faca de serra
- Tesoura
- Angostura
- Pincéis
- Lâminas de isopor
- Alfinetes
- Queijo muçarela
- Presunto cozido
- Tomate em fatias de 0,5 cm
- "Spray de frescor eterno" (p. 78)
- Orégano
- Azeite de oliva
- Pinças
- Estiletes
- Papel-toalha

MODO DE PREPARO

1. Separe os ingredientes para o preparo.
2. Como em todo sanduíche, inicie cortando o pão exatamente ao meio na longitudinal. Com uma tesoura, recorte as bordas do pão para remover imperfeições e obter um resultado mais uniforme.
3. Pinte os relevos do pão com um pouco de angostura, usando um pincel macio. Isso deixará aquelas pontinhas com aspecto de tostadas, o que gera um apelo maior ao lanche.
4. Sobre a fatia inferior do pão, coloque uma lâmina de isopor presa por alfinetes para criar a base para o lanche. Posicione o isopor de modo que ele não fique visível, para isso corte a lâmina um pouco menor do que o pão.
5. Sobre essa base, posicione o presunto e prenda-o com alfinetes. O tipo de dobra usada vai variar de acordo com a direção passada pelo cliente. Sempre que possível, gosto de fazer dobras para criar mais volume e movimento para essa camada.
6. Mergulhe o queijo em água quente para que ele fique mais maleável e com aquela aparência levemente derretida.

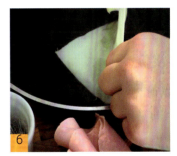

7. Coloque o queijo sobre o presunto. Repita o processo até obter a quantidade desejada.
8. Como o tomate é o único ingrediente fresco, prefiro borrifar o spray de frescor antes de posicioná-lo no sanduíche. Assim o tomate fica com uma aparência mais natural e com menos gotejamento.
9. Fixe as fatias de tomate sobre o queijo usando os alfinetes.
10. Com uma pinça, posicione algumas folhas de orégano desidratado. Neste caso, optei por colocá-las apenas no tomate, mas elas poderiam ter sido colocadas sobre o queijo e o presunto também. Posicione a fatia de cima do pão, e o modelo está pronto para posar para a foto!

QUEIJO DERRETIDO

Não sei se é porque sou apaixonado por queijo, mas esse ingrediente pode salvar um prato na gastronomia – e também no food styling! O apelo visual que ele confere a uma produção é proporcional ao sabor que agrega.

O efeito "queijo derretido" realça ainda mais o *appetite appeal* desse ingrediente, por isso vou mostrar aqui algumas técnicas possíveis para obter esse resultado.

ÁGUA QUENTE

Esta é a técnica mais simples – e a que mais gosto – para derreter queijo em fatia, por isso decidi detalhar aqui todo o processo.

Para essa técnica, você vai precisar basicamente de um recipiente com água quente para derreter o queijo. Mergulhe na água quente por alguns segundos a parte do queijo que ficará evidente, retire-o, deixe escorrer e posicione-o na produção. Se preferir, posicione a fatia de queijo sobre uma lâmina de isopor e molde-a no formato desejado antes de colocar no preparo.

O resultado vai variar de acordo com a temperatura da água, o tempo submerso e o tipo do queijo. Gosto de colocar e tirar a fatia de queijo da água diversas vezes até chegar ao resultado que desejo.

Caso queira que todo o queijo seja derretido, use uma espátula para mergulhar a fatia sem se queimar.

SOPRADOR TÉRMICO

O soprador térmico é uma ferramenta essencial do kit de um stylist e pode ser usado também para derreter o queijo. Se direcionado em um ponto fixo, pode até gratinar (mas vai demorar mais do que o maçarico). Ele funciona muito bem de modo geral, especialmente em queijos mais gordurosos, mas pode ressecar esse ingrediente, o que vai prejudicar o resultado.

SECADOR DE CABELO

Funciona da mesma forma que o soprador térmico, mas com uma temperatura muito mais baixa, por isso ele não chega a derreter o queijo, mas o amolece e dá um pouco de brilho. Por causa da temperatura inferior, não chega a gratinar o queijo e vai ressecá-lo depois de algum tempo de uso.

MAÇARICO

O maçarico também pode ser usado para derreter queijo, mas cuidado com a distância entre a chama e o queijo para não o gratinar, por isso mantenha-o mais afastado. Em alguns casos, o queijo gratinado é muito bem-vindo, e até recomendado, como em uma lasanha e caçarolas, mas em um lanche não faz sentido gratinar.

STEAMER

O steamer funciona muito bem para queijos delicados, pois vai amolecê-los e derretê-los levemente, sem o risco do ressecar. O cuidado aqui é justamente para não umedecer outros ingredientes.

Seja pelo calor, vento ou umidade, todas essas técnicas têm potencial para estragar os demais ingredientes de uma produção, por isso esse processo deve ser feito separadamente (com exceção dos gratinados). Em primeiro lugar, coloque o queijo sobre uma espátula com borda lisa e derreta a parte que vai aparecer. Assim que atingir o resultado desejado, coloque o queijo no preparo.

GEL DE CONFEITEIRO

Esta não é uma técnica para derreter o queijo, mas complementa qualquer uma delas. O gel de confeiteiro, também conhecido como gel de brilho, pode ser aplicado ao queijo derretido para mantê-lo brilhante. Basta pincelar uma fina camada desse gel milagroso que o queijo vai recuperar aquele aspecto apetitoso de queijo derretido e brilhoso, mas sem parecer oleoso, o que é uma vantagem em relação ao óleo.

BAGUETE COM TIRAS DE CARNE

Este é um sanduíche que tem um apelo visual imenso, com um pão crocante, carne suculenta e queijo derretido, típico daquela rede internacional de fast food em que o cliente monta o seu lanche na hora.

O que o diferencia dos outros lanches apresentados é que o posicionamento das tirinhas de carne é feito individualmente. Isso mesmo: elas são colocadas e fixadas uma a uma, e o desafio é proporcionar a leitura dos ingredientes de modo que o resultado seja natural e harmonioso.

O pré-preparo desse prato envolve as tirinhas de carne, e as dicas do tópico "Preparando a carne bovina" se aplicam aqui. Selecione a carne de sua preferência, corte-a em tirinhas (como para estrogonofe) e sele-as rapidamente em uma frigideira antiaderente bem quente, untada com óleo. Neste caso, selei por cerca de 1 minuto.

Carne pronta e fria, é hora do passo a passo. Vamos lá?

PASSO A PASSO

INGREDIENTES

- Pão baguete
- Faca de serra
- Tesoura
- Lâminas de isopor
- Maionese
- Alfinetes
- Molho tarê
- Tiras de carne seladas e em temperatura ambiente
- Pinças
- Queijo prato fatiado
- Pincéis
- Estilete
- Tábua de corte

MODO DE PREPARO

1. Separe os ingredientes para o preparo.
2. Corte a baguete ao meio. Lembre-se de sempre utilizar uma faca de serra bem afiada específica para pães e tome cuidado para não amassar ou remover o gergelim. Com uma tesoura, remova possíveis rebarbas para um acabamento mais preciso.
3. Corte lâminas de isopor um pouco menores do que o pão para servir de estrutura interna do sanduíche.
4. Espalhe a maionese na fatia inferior do pão, pressionando com a colher do centro para a extremidade, criando ondulações que servirão de moldura para a carne.
5. Para dar suporte à camada de carne, posicione sobre a maionese uma ou duas lâminas de isopor e fixe-as com alfinetes. As lâminas devem ficar na parte interna do pão para não estragar a camada de maionese.
6. Misture as tirinhas de carne com um pouco de molho tarê até obter o acabamento desejado.
7. Coloque cuidadosamente cada tirinha de carne, fixando-a com alfinetes. Disponha em posições e ângulos diferentes para criar um aspecto natural na borda do pão.

Evite colocar as tirinhas paralelamente, pois o resultado será monótono e artificial. É muito comum ver produções de sanduíches e tapiocas com o recheio parecendo um saiote com franjas, e não queremos isso!

8. Para sustentar as camadas superiores, coloque sobre as tirinhas mais lâminas de isopor, em quantidade suficiente para que fique um pouco mais alta do que a camada de carne.
9. Escolha sua técnica preferida para derreter o queijo e coloque-o sobre as tirinhas de carne. Conforme demonstrado no tópico "Queijo derretido", usei água quente para derretê-lo e o moldei no formato que queria sobre uma lâmina de isopor, para então colocá-lo no sanduíche.
10. Coloque sobre a camada de queijo mais uma lâmina de isopor fixada com alfinetes.
11. Passe uma camada de maionese na fatia superior do pão. Coloque a fatia sobre o lanche. Como o gergelim do pão não estava uniforme, optei por retirar os que estavam na fatia inferior.
12. Com o sanduíche pronto, leve-o para o set para dar os retoques finais. Se necessário, pincele um pouco de molho tarê na carne e óleo no queijo derretido, caso esteja opaco.

Se for necessário adicionar mais maionese, utilize uma seringa grande para colocar pequenas quantidades nos locais que necessitarem de preenchimento.

As técnicas de composição de camadas são a base para qualquer sanduíche: quanto mais camadas, mais forte tem que ser a estrutura, logo usamos mais isopor e mais alfinetes. No próximo passo a passo, você vai ver um clássico do food styling, um ótimo exemplo de como essas técnicas podem ser elevadas a outro patamar de sanduíche.

"O" SANDUÍCHE

Este tipo de sanduíche, com inúmeras camadas que desafiam a gravidade, é um clássico no mundo do food styling. Se você pesquisar no Google Imagens por "food styling" e "sanduíche", com certeza esse tipo de produção aparecerá entre as primeiras fotos.

Mas não é apenas por se tratar de um clássico que decidi mostrar o passo a passo da montagem desse sanduíche. Este é um preparo recheado de técnicas de posicionamento e estruturação de camadas, o que o torna um exemplo ideal.

PASSO A PASSO

INGREDIENTES

- Lâminas de isopor
- Alfinetes
- Palitos de madeira para churrasco
- Fatias grossas de pão
- Alface-crespa verde
- Queijo muçarela
- Mortadela
- Tomate maduro
- Pincéis
- Pinças
- Maionese
- Seringa grande
- "Spray de frescor eterno" (p. 78)
- Hastes de algodão
- Palitos de dente
- Tábua de corte

- **MODO DE PREPARO**

1. Separe todos os ingredientes, levando em consideração o casting e a preservação dos protagonistas.
2. Comece preparando a base do seu sanduíche. Ela tem que ser firme e resistente para poder equilibrar e dar sustentação ao preparo. Para isso, corte uma lâmina de isopor com uma largura menor do que a do sanduíche (para que ela não apareça na foto), mas com um comprimento maior (para que ela siga até a parte de trás do lanche, que não aparecerá na foto). Corte também uma camada menor de lâmina de isopor para posicionar na frente da base.
3. Prenda com alfinetes a camada menor de lâmina de isopor. Já na parte que ficará atrás do sanduíche, sobreponha outras camadas menores de lâminas de isopor para poder firmar os palitos de madeira para churrasco. Esses palitos serão os alicerces para esta maravilha da engenharia gastronômico-visual.
4. Coloque o pão na parte da frente da base.

SANDUÍCHES

5. Sobre o pão, posicione uma lâmina de isopor em que serão sobrepostos todos os outros componentes dessa camada do sanduíche. Para o posicionamento desses itens, use as mesmas técnicas dos lanches no pão baguete, colocando lâminas de isopor sobre cada ingrediente e fixando com alfinetes.
6. Concluída a primeira parte do recheio, é aí que começa a repetição. Coloque mais uma base de isopor, mas desta vez ela deve ser mais comprida para que alcance os palitos de madeira na parte de trás. Finque o isopor no palito e desça a lâmina até alcançar o sanduíche.
7. Sobre esta base de isopor, adicione os componentes da nova camada, inserindo lâminas de isopor entre eles para posicioná-los e fixá-los bem. Repita esse processo para fazer as camadas seguintes.

Para este passo a passo, desenvolvi um sanduíche com quatro camadas, mas ele poderia ter facilmente o dobro e, ainda assim, se manter lindo e inabalável.

8. Com todos os níveis prontos, siga para os detalhes finais. Com a ajuda de um pincel, limpe os farelos de pão que possam ter caído sobre os outros ingredientes do sanduíche durante a montagem. Reajuste a posição de um ou outro elemento usando uma pinça.
9. Aplique a maionese com uma seringa para alcançar o ponto desejado. Dê um acabamento mais natural e sujinho com um pincel de cerdas bem macias.
10. E sucesso! Aí está o sanduíche com várias camadas, inabalável para qualquer tipo de foto!

OVO FRITO

O ovo é um alimento superversátil e vai muito bem em sanduíches! Existem inúmeras maneiras de prepará-lo – frito, cozido, com gema mole ou dura, poché –, mas a mais tradicional para um sanduíche é o ovo frito. Como nenhum lanche que fizemos até aqui levava esse ingrediente, gostaria de apresentar uma técnica de styling para conseguir um ovo frito digno de fotografia, caso você necessite dele para uma produção.

Em relação aos cuidados, o mais importante é que o ovo esteja fresco. Isso garante uma clara mais firme, que, por sua vez, cria menos bolhas, resultando em uma aparência mais uniforme e bonita. Então, fique de olho na validade quando for comprar, e escolha sempre o mais fresco.

PASSO A PASSO

INGREDIENTES

- Ovo
- Peneira
- Ramequin
- Garrafa PET
- Frigideira antiaderente
- Óleo
- Pincel de silicone
- Pinça
- Espátula de metal reta
- Tesoura
- Tábua de corte

Tudo isso para fazer um ovo frito? Sim!

MODO DE PREPARO

1. Quebre o ovo e coloque-o em uma peneira para que a parte mais líquida seja drenada, ficando apenas com a parte mais firme. Isso fará com que a clara fique mais compacta e com um desenho mais definido.

2. Coloque o ovo no ramequin e, com o auxílio de uma garrafa PET, retire a gema. Para isso, aperte a garrafa, coloque o bico sobre a gema e, com cuidado, solte a garrafa até que ela sugue a gema, separando-a da clara.

3. Pincele a frigideira com um pouco de óleo e, em seguida, coloque a clara. Somente então ligue o fogo baixo (o mais baixo possível).
4. Assim que a clara ficar branca, e antes de ficar cozida por inteiro, coloque a gema bem no centro para conseguir um visual mais simétrico.
5. Enquanto ainda estiver crua, verifique se tem algum resíduo de clara sobre a gema e retire com a ajuda de uma pinça, tomando muito cuidado para não a furar. Assim que a gema colar na clara, o ovo estará pronto. Não é necessário que cozinhe por completo, pois isso não será perceptível.
6. Com a ajuda de uma espátula de metal de base reta, retire o ovo da frigideira e recorte qualquer rebarba com uma tesoura. O ovo está pronto para posar para a foto ou vídeo!

A verdade é que o ovo não vai ficar lindo no set por muito tempo, dadas as condições de temperatura. Então você pode reanimá-lo pincelando um pouco de óleo com um pincel de silicone. De qualquer forma, eu recomendo fazer mais de um modelo, e os que ficarem em espera devem ser mantidos mergulhados no óleo para preservação das suas características. Na hora de usar, basta retirá-lo com cuidado e deixar escorrer um pouco sobre papel-toalha.

BEBIDAS

A esta altura do livro, você já percebeu que algumas sensações que as imagens nos transmitem nem sempre são reais. Este é o caso das bebidas geladas e quentes, que na maioria das vezes estão em temperatura ambiente. Descubra neste capítulo como fazemos o café parecer quente, e a cerveja, gelada.

Neste capítulo, veremos produções envolvendo diferentes tipos de bebidas frias e quentes, cada uma com as suas peculiaridades, mas, indiscutivelmente, as que requerem mais técnicas e cuidados são as que envolvem o líquido gelado.

Sim, você sempre poderá trabalhar com as bebidas já geladas, mas ficará à mercê das leis da física e do clima, que te darão um curto período para fotografar ou filmar esses preparos. Então, nestes casos, o ideal é ter várias opções de reposição para substituir a garrafa depois que ela perder o aspecto de gelada, ou servir um copo de chope várias vezes até obter o resultado ideal.

E não há nada de errado com isso, mas é importante saber que existem técnicas para replicar o efeito da bebida gelada que deixa o copo com aquelas gotinhas escorrendo, causadas pela condensação, ou aquele efeito de geada na superfície da garrafa que acabou de sair do congelador com a cerveja ultragelada. Com o uso dessas técnicas, esses efeitos vão durar mais do que o suficiente para conseguir o click perfeito.

Um cuidado comum a todo styling de bebidas é servir o líquido já na cena, ainda que todo o pré-preparo deva ser realizado longe do set. Imagine, por exemplo, montar um copo com um drink maravilhoso e arruinar toda a produção durante o transporte até o local onde ele será fotografado.

Além disso, use sempre algum recipiente que direcione o líquido para evitar respingos; pode ser uma jarra com um bico direcionador, um pequeno regador com um bico longo ou mesmo um funil.

••

O funil é um daqueles utensílios indispensáveis no kit de um food stylist, mas ocupa muito espaço. Recomendo que você procure um funil retrátil de silicone, pois ele ocupa muito menos espaço e é mais fácil de limpar.

••

No caso de bebidas quentes, são os pequenos detalhes que transmitem a impressão de quente. Por exemplo, basta acrescentar um pouquinho de espuma ao café e o nosso cérebro já vai assumir que a bebida acabou de ser preparada.

CAFÉ

"Café é vida!" Você já deve ter ouvido essa expressão em algum lugar, e ela diz muito sobre essa bebida que está muito associada a um *lifestyle*. Eu mesmo sou um desses que adoram acordar e fazer um cafezinho enquanto confere as primeiras notícias do dia, é quase um ritual. E me privar dele pode não fazer bem às pessoas ao meu redor.

Brincadeiras à parte, compreender a aura envolta nesse ritual é fundamental no nosso trabalho, porque temos a responsabilidade de transmitir essa sensação por meio de uma imagem, que pode representar um bom-dia bem dado, uma cama quentinha e acolhedora em um dia de chuva, uma reunião de negócios, concentração e foco no trabalho ou horas de estudos em frente da tela do computador. São inúmeras as cenas que essa bebida pode compor, e elas sempre transmitem algum tipo de sentimento, já percebeu isso?

Bom, já deu para entender a importância de produzir um cenário para transmitir essas sensações de que falamos, mas de nada adianta uma boa produção artística sem um belo protagonista (neste caso, o café). Então, neste tópico, vou mostrar dois tipos de cafés que contemplam técnicas diferentes: o primeiro é o tradicional café puro, e o segundo, um café com creme.

TONALIDADES DO CAFÉ

Existem algumas técnicas para fazer o café para foto ou vídeo, mas a que prefiro é com o café solúvel e água quente mesmo. Desse modo, podemos ter mais controle sobre o resultado e escolher o tom da bebida por meio da concentração de café solúvel diluído na água.

Alguns ingredientes do kit básico de styling podem ser usados para imitar o café, e podem te salvar caso você decida acrescentar esta bebida à produção de última hora. É possível obter a coloração de café misturando o caramelo, aquele mesmo usado para pintar as carnes (veja em "Caramelo"), ou o molho de soja (shoyu) à água com a ajuda de um pincel. Quanto mais caramelo ou shoyu, mais escura a bebida fica. Essa técnica também pode ser usada para fazer chás mais escuros, como chá preto ou chá-mate, basta colocar uma concentração muito pequena do caramelo na água.

ESPUMA DE CAFÉ

Aqui eu me refiro àquela espuminha natural do café, supercomum num espresso, por exemplo. A característica da espuma vai depender do tipo de café representado, e mimetizar essa espuma é o desafio aqui.

Eu uso uma técnica que funciona muito bem e é feita com o próprio café, o que traz mais realismo ao preparo. Para essa receita, basta misturar água quente, café solúvel e bicarbonato de sódio com um minimixer. Quanto mais próximo da superfície você bater, mais espuma vai gerar; e quanto mais tempo bater, mais espessa a espuma vai ficar. Separe a espuma com a ajuda de uma colher e vá colocando aos poucos sobre o café na xícara-modelo até atingir o resultado desejado. A coloração da espuma também vai variar um pouco de acordo com a concentração do café solúvel. Quanto mais concentrado, mais escura a espuma.

Também é possível fazer a espuma de café com lecitina de soja, gelatina incolor ou líquido de revelar foto. O processo é o mesmo: misture com o minimixer a água quente, o café solúvel e o agente de espuma. No caso da gelatina, para hidratá-la, é fundamental que a água esteja quente. Veja a seguir a proporção de água com café para cada ingrediente:

- **Bicarbonato de sódio** – 1 g para cada 1 L de água.
- **Lecitina de soja** – 2 g para cada 300 mL de água.
- **Gelatina incolor** – 2 g para cada 200 mL de água.
- **Detergente neutro transparente** – 3 gotas para 50 mL de café.

O café solúvel por si só já tem alguns agentes que ajudam a criar a espuma. Então, nos casos em que você precisar de pouca espuma, teste primeiro o minimixer com um pouco do café, sem adicionar nenhum dos agentes citados anteriormente, para avaliar o resultado e escolher o método de sua preferência.

O preparo do café e da espuma pode respingar, por isso faça o preparo longe do cenário.

PASSO A PASSO

INGREDIENTES

- Copo medidor
- Água fervendo
- Café solúvel
- Minimixer
- Bicarbonato de sódio
- Papel-toalha
- Colheres
- Xícara e pires

MODO DE PREPARO

1. Separe todos os itens que serão utilizados no preparo e na produção. Em receitas como a do café, que envolve espuminha e detalhes com uma vida útil reduzida, é ainda mais importante que o planejamento de styling e de produção esteja muito bem alinhado. Limpe bem o utensílio em que o café será servido, neste caso a xícara e o pires.
2. Coloque no copo medidor um pouco de água quente e cerca de uma colher de sopa de café solúvel, e misture com um minimixer. A quantidade de água e de café vai variar de acordo com a tonalidade do líquido que a cena pede. Eu fiz bem forte, para acordar mesmo!

Caso a cena seja de um café sendo servido, do bule para uma xícara, o ideal é preparar um café mais diluído para obter um líquido mais translúcido e brilhante, com um tom mais marrom e menos preto, o que deixará a cena mais bonita.

3. Para a espuma, faça a mesma mistura do café, adicione uma pontinha (bem pequena) de colher de bicarbonato de sódio e bata com um minimixer. Defina o tipo de espuma que vai compor o preparo: batendo pouco, a espuma fica mais leve e fluida; batendo muito, ela fica mais espessa e firme. Separe a espuma do líquido e reserve para a montagem.

BEBIDAS

4. Já em cena com a produção posicionada, é chegada a hora de preencher a xícara. Para não respingar a bebida nas bordas do utensílio e no entorno do cenário, use algum recipiente com um bico ou um funil para direcionar o líquido. Cubra o entorno da produção com papel-toalha para proteger de respingos indesejados.
5. Após colocar a bebida até o nível desejado na xícara, finalize acrescentando a espuma com uma colher grande.
6. Para os retoques finais, use uma colher pequena, ou até mesmo um palitinho, apenas para direcionar a espuma e conseguir um aspecto mais natural. Limpe quaisquer respingos cuidadosamente com cotonete ou papel-toalha. Retire os papéis que estão cobrindo a cena e agora é só fazer a foto.

A espuma feita com café solúvel dura bastante, mas, se por algum motivo, for necessário um retoque, retire-a com uma colher e coloque uma nova. Para retirar o líquido da xícara, o ideal é usar uma seringa grande.

....
Para adicionar o efeito de fumaça no café, pode-se usar o aplicativo PhotoRoom.
....

A espuma mais espessa está associada ao café espresso. Como o que fizemos aqui representa um café forte feito em casa, a espuma deve ser escura, mas um pouco mais diluída. Para um café mais fraco, dilua ainda mais o café usado para preparar a espuma e coloque-a em uma quantidade menor sobre a bebida.

CAFÉ COM CREME

Quando falamos de café da tarde, a luz e o ambiente são outros. Queremos criar uma atmosfera mais escura e charmosa, com iluminação lateral e um pouco mais amarelada, típica de final de tarde. A escolha desse *mood* tem a ver com o café que vamos fazer neste passo a passo, que é o café com creme.

No café da tarde, a gente se permite consumir bebidas mais compostas, com caldas, chocolates, cremes ou todas essas opções. Faremos aqui um café mais robusto, com creme e finalizado com canela em pó. Este preparo tem apenas três diferenças em relação ao preparo do café, e elas estão na finalização.

BEBIDAS

PASSO A PASSO

INGREDIENTES

- Copo medidor
- Água fervendo
- Café solúvel
- Minimixer
- Lâmina de isopor fina
- Palitos ou pinça
- Espuma de barbear branca
- Bicarbonato de sódio
- Colheres
- Xícara transparente
- Canela em pó
- Peneira

MODO DE PREPARO

1. Separe todos os itens que serão utilizados no preparo e na produção, e limpe bem o utensílio em que o café será servido. Coloque no copo medidor um pouco de água quente e de café solúvel, e misture com o minimixer. A quantidade de água e de café vai variar de acordo com a tonalidade do líquido que a cena pede.

2. Corte uma lâmina de isopor no formato de um disco que caiba no interior da xícara. Espete um palito ou uma pinça nesse disco para conseguir segurá-lo por baixo, e coloque sobre ele a espuma de barbear no formato desejado. Se quiser um formato mais certinho, coloque a espuma de barbear em um saco de confeitar e escolha o bico com o acabamento desejado, tal qual se faz na confeitaria. A espuma de barbear proporciona um acabamento super-realista, com uma durabilidade infinitamente maior do que a de um chantili de verdade, e ainda é muito mais fácil de manusear, facilitando o posicionamento e o retoque. O disco de isopor como base faz com que o "chantili" boie e garante ainda mais vida útil ao nosso modelo.

3. Preencha a xícara com o café até o nível desejado, usando um utensílio com bico direcionador ou um funil.

4. Coloque um pouco de espuma de café (a mesma explicada no passo a passo do "Café"). Esta espuma vai trazer mais realismo ao preparo, replicando aquele dégradé em que parte do creme se mistura ao café, para não deixar o creme parecendo um iceberg de espuma boiando sobre a bebida.

5. Sobre a espuma de café, posicione o creme de espuma de barbear com a base de isopor para que o chantili boie, tomando cuidado para que a base não apareça. Aqui, espetei o isopor com uma pinça, na parte de trás da espuma, para posicionar e soltá-lo na xícara.

6. Com cuidado, acrescente mais um pouco da espuma do café para trazer mais realismo à produção. Aplique com uma peneira a canela em pó para finalizar. Limpe a xícara, caso a tenha sujado em algum momento, e nosso modelo está pronto para a foto.

É comum adicionar vapor d'água em algumas produções de bebidas quentes. Para isso, existem alguns artifícios (veja tópico "Vapor, fumaça e fogo!"). Se não for possível obter o vapor durante a produção, a pós-produção pode facilmente adicioná-lo por meio de softwares como Photoshop ou até mesmo aplicativos de edição de fotos.

Nesta imagem ampliada é possível ver o detalhe da espuma de café misturada com a espuma de barbear e o próprio café, gerando uma produção mais realista e interessante.

BEBIDAS

CERVEJA ESTUPIDAMENTE GELADA

Gelada! Sim, tem que estar gelada! Para nós, brasileiros, a cerveja não estar trincando é quase um ultraje, não é? Mesmo que hoje em dia tenhamos cervejas de qualidade, que nem sempre precisam estar com a temperatura tão baixa para o consumo, "bem gelada" é a preferência nacional.

Isso se reflete na produção para fotografia ou vídeo de cerveja e outras bebidas geladas, que só de olhar despertam a vontade de beber. Mas a verdade é que aquele visual de garrafa ou copo gelado não dura muito tempo, principalmente quando estamos trabalhando em um estúdio cheio de luzes quentes, por isso existem soluções para criar esse efeito, mesmo com a bebida em temperatura ambiente.

EFEITO VIDRO ULTRAGELADO

As principais técnicas aplicadas à garrafa de cerveja são justamente para dar a impressão de que ela está supergelada, com aquela camada fosca e esbranquiçada, e com gotículas de água condensada em sua superfície.

Esse efeito fosco, de geada, pode ser aplicado a qualquer vidro quando se quer passar a impressão de bebida ultragelada. Mas, antes de começar a aplicar essa técnica, é importante que a bebida esteja em temperatura ambiente. O objetivo aqui é que a garrafa esteja seca para receber a pintura.

Com a garrafa de cerveja em temperatura ambiente, o primeiro passo é limpar muito bem o vidro. Use papel-toalha com álcool (ou limpa-vidros) para limpar toda a sua superfície, de preferência usando luvas para não deixar marcas de digitais, e finalize passando um pincel limpo para tirar "pluminhas" de papel. Se o vidro estiver muito sujo ou engordurado, pode ser necessário lavá-lo com água e sabão antes de finalizar a limpeza com álcool, tomando cuidado para não estragar o rótulo da bebida. No caso de copos, lembre-se de limpar a parte de dentro também.

Com a garrafa bem limpa, podemos passar para a pintura que vai gerar aquele aspecto fosco e esbranquiçado. Esse efeito é o resultado de camadas de spray de verniz fosco ou mate (eu costumo usar o Acrilfix da Acrilex). O spray de verniz fosco pode ser substituído pelo desodorante aerossol (de preferência sem cheiro), mas, como ele é muito mais fácil de remover, requer um cuidado extra.

Posicione a garrafa em um local adequado para evitar que a nuvem de spray se espalhe de maneira indesejada. Você pode colocar o modelo dentro de uma caixa de papelão com abertura frontal para conter essa nuvem. Aí é só agitar a latinha e aplicar o spray a uma distância de 30 cm, mantendo uma camada fina e homogênea, e esperar secar. Cada camada extra deixa a garrafa mais fosca e esbranquiçada.

Como o verniz não sai facilmente, todo esse processo pode ser realizado com dias de antecedência (isso adiantará bastante o trabalho no dia da produção). Apenas tome o cuidado de armazenar bem a garrafa, porque qualquer arranhão pode estragar a pintura.

Para uma camada ainda mais grossa de "gelo", esfregue parafina em barra sobre o spray fosco e espalhe com os dedos para criar uma camada homogênea e de textura uniforme. Quanto mais macia a parafina, melhor será o resultado. Não recomendo fazer esse processo antes do dia da produção, porque essa camada pode estragar durante o transporte.

Existem alguns cuidados para garantir que essa técnica obtenha o resultado mais realista possível. Na prática, uma garrafa de cerveja ultragelada fica toda coberta desse efeito, então o verniz pode ser aplicado sobre toda a sua superfície. No entanto, quando pensamos em copos ou taças, esse efeito ocorre somente nas partes em que a bebida gelada está em contato com o vidro, então o verniz deve ser aplicado apenas nessas áreas do utensílio. Por exemplo, imagine uma taça com um drink bem gelado. A base dessa taça não fica fosca, no máximo ela terá algumas gotas de água escorrendo – este efeito será explicado adiante quando falarmos sobre o vidro condensado. O mesmo evento ocorre em um copo de chope: a espuma (ou colarinho) não é tão gelada quanto a bebida em si, então o efeito fosco deve ser aplicado apenas até a altura do líquido.

Nesses casos, antes de iniciar a pintura com o spray fosco, as partes que não estarão em contato com a bebida precisam ser cobertas com papel-toalha e fita-crepe. Além disso, é importante lembrar que o copo deverá ser preenchido pela bebida até a altura dessa pintura, então planeje a quantidade e as medidas com antecedência.

O verniz pode ser removido lavando o utensílio com detergente e o lado abrasivo da esponja, mas essa limpeza pode acabar riscando o vidro. Se você estiver em um estabelecimento e tiver que usar copos ou taças do próprio local, uma solução pode ser substituir o verniz fosco pelo desodorante aerossol, que é mais fácil de remover e de se encontrar.

VIDRO CONDENSADO

A técnica do vidro condensado pode ser usada em bebidas frescas e geladas para replicar aquelas gotinhas que se formam na parte externa do copo. Ela também deve ser aplicada após a técnica do efeito ultragelado.

Estas gotinhas são obtidas com o nosso spray de frescor eterno (mistura de água com glicerina). A distância da aplicação vai ditar o tamanho das gotinhas: quanto mais distante, menores elas serão, e quanto mais próxima, maiores. Comece com uma distância maior e vá aproximando, porque assim as gotas menores ficarão por baixo das maiores.

Diferentes borrifadores também resultam em diferentes tamanhos de gotas. Para calibrar o efeito, sempre teste o resultado das gotas do spray de frescor em outro vidro antes de aplicar ao modelo.

Outra maneira de obter essas gotinhas é usando uma escova de dentes. Basta passar as cerdas na mistura do spray de frescor, puxar as cerdas para trás, direcionar e soltar. Ela vai fazer o líquido espirrar, criando diferentes tamanhos de gotinhas.

Conforme já apresentado, a condensação vai se formar principalmente na altura da bebida, então temos que cobrir a parte do recipiente que não fica em contato com a bebida, usando papel-toalha e fita-crepe. Bebidas com gelo geram mais

condensação, podendo extrapolar essa linha e criando gotas de condensação maiores que acabam escorrendo.

Concluída essa etapa, podemos transportar o modelo para o cenário, e isso precisa ser feito com muito cuidado, porque as gotinhas borram ao serem tocadas. Então, segure apenas nas partes que não vão aparecer na cena, como a parte de cima e a base do utensílio, ou nas partes cobertas com papel-toalha. Se houver a necessidade de retocar as gotinhas já no cenário, basta forrar o entorno com papel-toalha para proteger do spray.

Para fazer aquela gota escorrendo, que gera um apelo visual ainda maior, temos algumas técnicas. A que eu prefiro é com gel de cabelo transparente, que pode ser aplicado com um pincel, palito ou conta-gotas, moldando-o até obter o resultado desejado. Caso o gel tenha uma textura muito firme, ele pode ser diluído com um pouco de água para obter um resultado mais fluido. O gel de cabelo pode ser substituído por glicerina pura, uma técnica de que também gosto muito, ou ainda pelo gel de confeiteiro (ingrediente muito usado em confeitaria).

Se alguma gota escorrer para uma área indesejada, basta limpar com uma haste flexível umedecida em álcool. É necessário tomar cuidado para não molhar muito o algodão, pois o álcool pode escorrer na garrafa. Sugiro espremer bem a pontinha de algodão da haste flexível para remover o excesso de líquido.

Outro cuidado importante que deve ser tomado é nunca servir bebida gelada nos copos ou garrafas que servirão de modelo, pois a condensação de água no seu exterior vai estragar o styling aplicado no vidro.

No caso de cena de foto ou vídeo em que alguém precisa segurar o recipiente, teremos que fazer vários modelos para substituir sempre que necessário. As gotinhas são facilmente removidas com água e podem ser refeitas sempre que necessário. Apenas evite esfregar a garrafa com a parte mais abrasiva da esponja para não remover as camadas de verniz fosco.

PASSO A PASSO

INGREDIENTES

- Cerveja em garrafa
- Limpa-vidros ou álcool
- Papel-toalha
- Pincéis
- Spray de verniz incolor fosco (ou mate)
- "Spray de frescor eterno" (p. 78)

MODO DE PREPARO

1. Separe todos os itens que farão parte do preparo.
2. Limpe todos os utensílios que serão usados na cena, especialmente a garrafa. Usando o limpa-vidros (ou álcool) e um papel-toalha, limpe bem toda a superfície. Com um pincel limpo, remova os resíduos da superfície da garrafa, pois qualquer resíduo pode prejudicar o processo de pintura.
3. Coloque a garrafa em um local apropriado para conter a nuvem de spray. Seguindo as instruções do fabricante, aplique uma camada mantendo uma distância de 30 cm da garrafa, espere secar e aplique uma nova camada; continue com esse procedimento até obter o resultado desejado. Neste exemplo, passei 4 camadas de verniz.
4. Para obter aquele resultado de gotas condensadas e escorrendo, passe o spray de frescor sobre a garrafa pintada. Comece aplicando com o borrifador mais afastado da garrafa e vá aproximando.
5. Transporte a garrafa-modelo para o set com cuidado, pegando apenas na face que não vai aparecer ou na tampa, para não desfazer as gotinhas. Se houver a necessidade de retoque, forre o cenário com papel-toalha para não molhar o entorno.

Esta imagem merece ser vista de perto. Note como a junção do efeito fosco com as gotinhas de água condensada cria a impressão de que a bebida está supergelada, mesmo sabendo que na realidade ela está em temperatura ambiente.

FOOD STYLING

COPO DE CERVEJA

E aí, você é do time com ou sem colarinho? Não adianta, colarinho de cerveja (ou chope) é uma questão muito pessoal. Tem quem prefira que seja grande, pequeno ou até mesmo sem colarinho, mas aquela imagem de cerveja tradicional (e apetitosa) sempre tem uma espuma alta, que às vezes escorre pela borda do copo e dá a impressão de que acabou de ser servida. Pois é, a espuma é um dos principais desafios quando o assunto é styling para cerveja ou chope, mas existem algumas técnicas, apresentadas mais adiante, que podem ajudar.

Além da espuma, também usamos aqui a técnica do copo ultragelado com condensação para transmitir a sensação de bebida gelada. O processo é o mesmo que usamos na garrafa de cerveja ("Cerveja estupidamente gelada"), com algumas diferenças para se adequar às características da bebida quando servida no copo. Neste caso, conforme já adiantado anteriormente, a pintura e as gotinhas devem ser aplicadas apenas nas áreas de contato do recipiente com a bebida em si, já que a espuma não fica tão gelada; para isso, cobrimos essa área com papel-toalha e fita-crepe para fazer a pintura abaixo da linha. Explico os detalhes desse procedimento no passo a passo dessa receita.

BEBIDAS

ESPUMA DE CERVEJA

Existem diferentes maneiras de obter a espuma para cerveja, cada uma com suas características e tempo de duração. As que eu prefiro são as que deixam uma espuma mais realista, porém a sua durabilidade costuma ser menor – as que duram mais normalmente têm um aspecto mais artificial que não me agrada muito.

Ao trabalhar com a cerveja, o ideal é que ela esteja em temperatura ambiente. Esse cuidado por si só já facilita bastante a obtenção da espuma e ainda evita que o styling feito no copo estrague, já que a cerveja gelada faz o copo suar "de verdade". Outro ponto importante é deixar para servir a cerveja por último, quando tudo já estiver em cena, porque a vida útil da espuma é realmente pequena; este cuidado deve ser redobrado quando temos mais de um copo para produzir.

Como qualquer líquido, deve-se tomar cuidado na hora de servir para evitar respingos. Para isso, basta verter o líquido com cuidado e com o auxílio de um funil ou jarra com direcionador.

....

Sempre que for trabalhar com bebidas gaseificadas, prefira comprar a versão em lata, porque ela tem mais gás. Além disso, é sempre melhor abrir novas latas do que usar a bebida que restou em uma garrafa maior, já que depois de aberta ela vai perdendo o gás e começa a ficar visualmente menos interessante.

....

As técnicas que resultam em uma espuma mais realista são justamente as que usam a própria cerveja para obtê-la. Como é comum que tenhamos de formar espuma mais de uma vez em uma mesma produção até conseguir a imagem perfeita, eu utilizo uma sequência de técnicas que aproveitam o gás da cerveja.

A primeira delas é mexer a bebida com um palito de picolé ou palito de bambu (ohashi); a superfície porosa da madeira é excelente para fazer a cerveja espumar. Quando essa técnica começa a gerar menos espuma, eu passo para a próxima, que é posicionar uma seringa dentro do recipiente e sugar e expelir a cerveja. Essa ação mecânica vai gerar mais espuma.

Outra técnica é adicionar uma pitadinha de sal e repetir as técnicas anteriores. O sal ajuda a formar mais espuma, mas, ao adicioná-lo à cerveja, ela fica turva, então é preciso esperar alguns segundos até que ela volte ao normal. Também é importante tomar cuidado para que não fique nenhum resíduo do sal no fundo do copo. Além do sal, pode-se usar bicarbonato de sódio ou sal de frutas, porém o resultado da espuma fica um pouco mais artificial.

Por fim, há ainda a técnica de fazer espuma misturando detergente transparente na cerveja e agitando o líquido. Deixei esta por último porque, apesar de ter uma durabilidade maior, é a que tem o resultado mais artificial, e não me agrada muito.

Já sabemos que, depois de aberta, a cerveja começa a perder seu gás. Por esse motivo, vai ficando cada vez mais difícil de obter espuma natural. Quando chega a esse ponto, em vez de aderir à técnica do detergente, prefiro substituir a cerveja e recomeçar o processo. Para isso, basta retirar o líquido usando uma seringa e então voltar à etapa inicial. A espuma da cerveja é um processo que exige um pouco de paciência, mas o resultado vale a pena.

PASSO A PASSO

INGREDIENTES

- Copo
- Limpa-vidros ou álcool
- Papel-toalha
- Pincéis
- Fita-crepe
- Spray de verniz incolor fosco
- "Spray de frescor eterno" (p. 78)
- Cerveja em lata
- Funil
- Palito de picolé ou palito de bambu (ohashi)
- Sal
- Seringa

MODO DE PREPARO

1. Separe todos os itens necessários para esta produção. Limpe bem o copo com limpa-vidros (ou álcool) e papel-toalha, e retire quaisquer resíduos com um pincel limpo, como se estivesse "varrendo" o copo. Dobre um pedaço de papel-toalha e prenda-o com fita-crepe na altura em que desejar que comece a espuma (colarinho), com cuidado para fazer uma linha horizontal nivelada. Cubra a parte de dentro do copo também para que ela não receba o verniz.

2. Repita o processo de pintura com o spray de verniz fosco realizado na garrafa de cerveja (passo 3 da "Cerveja estupidamente gelada"). Quando seco, retire a proteção colocada na borda.

3. Para as gotas de água condensada e escorrendo, cubra com papel-toalha a borda do colarinho e passe o spray de frescor sobre a parte pintada do copo. Comece com o borrifador mais afastado e depois vá aproximando.

4. Leve o copo ao set, posicione-o e, quando chegar a hora do click, preencha com o líquido usando um funil para direcionar a bebida e não molhar a borda do copo ou o entorno do cenário. Se necessário, retoque as gotas com o spray de frescor (lembre-se de forrar o entorno do cenário antes para não sujar nada).
5. Com o cenário pronto, antes de começar a fotografar ou filmar a cena, mexa bem a cerveja usando um palito de picolé ou de bambu.
6. Para recuperar a espuma, adicione uma pitada de sal e mexa novamente a cerveja com o palito de picolé. Aguarde alguns segundos para que a cerveja volte a ficar translúcida, e está pronto novamente. Caso seja necessário gerar mais espuma, o ideal é refazer todo o processo com uma bebida nova, pois a antiga já estará sem gás, o que dificulta a obtenção de espuma. Para não afetar a produção do copo, remova a cerveja com a ajuda de uma seringa e repita o processo.

O foco da produção deve ser sempre o que vai aparecer. Não importa se a parte de trás do copo não está perfeita, desde que tudo que estiver aparente para as lentes da câmera esteja.

GIN TÔNICA COM LARANJA E HORTELÃ

Quem trabalha com bebidas sabe que o ramo da mixologia é um campo vasto em receitas e tipos de drinks que sempre tem espaço para alguma novidade. E, mesmo que alguns drinks sejam servidos quentes ou em temperatura ambiente, a maioria dessas bebidas é servida gelada.

Basicamente, o que todos esses preparos têm em comum é o posicionamento de cada ingrediente, que deve estar em seu devido lugar, e isso vai variar de acordo com a composição do drink. Por isso, neste tópico, vamos ver como posicionar o gelo e outros ingredientes em copo ou taça – com decoração interna e externa –, e vamos revisitar as técnicas já vistas de condensação para fazer a bebida em temperatura ambiente parecer geladinha e apetitosa.

Como esses drinks não são tão gelados quanto uma cerveja que saiu do congelador, o efeito fosco do spray de verniz não é aplicado.

GELO

Quando se trata de produção de bebidas com gelo, é importante saber que existem alternativas ao gelo de verdade: os cubos de gelo de acrílico, que podem ser encontrados facilmente à venda na internet. Com uma variedade de tamanhos e formatos, eles funcionam muito bem em bebidas com gás ou que tenham alguma cor. Quando usados em água sem gás ou em uma superfície sem líquido, pode ficar um pouco mais evidente que não são gelo de verdade.

Mas, então, por que usar o gelo de acrílico? Na produção de styling, tudo tem que ser colocado em seu devido lugar e permanecer lá por algum tempo, mas o gelo não nos permite isso. Ele derrete rapidamente e também boia, então basta colocar o líquido no copo que tudo vai mudar de lugar, indo por água abaixo todo o tempo que você passou posicionando os ingredientes. Além disso, por ser gelado, ele faz o copo suar e condensar, o que acaba estragando o styling do vidro, caso você tenha usado as técnicas de pintura e gotas.

Portanto, o styling com gelo de acrílico é muito útil, mas o seu uso exige algumas considerações. A primeira delas é que, para obter um resultado realista, precisamos fazer com que o gelo fique um pouco acima da linha da bebida, já que o gelo de verdade boia. E a segunda é que o acrílico pode refletir a iluminação do set, então acompanhe com o fotógrafo o resultado e mude a posição do gelo conforme necessário.

Outra opção é moldar um gelo artificial usando parafina em gel. Basta derreter a parafina seguindo as instruções do fabricante e moldar os cubinhos de acordo com o formato desejado.

Ainda assim, se você ou o cliente preferir usar o gelo de verdade, tome os seguintes cuidados: toda a produção deve ser feita no set, já na posição em que será filmado ou fotografado. Por isso, tenha bastante papel-toalha para absorver toda a água que escorrer do copo e use hastes flexíveis para uma limpeza mais detalhada. Além disso, tenha vários copos limpos e muitos ingredientes à disposição para poder refazer rapidamente a produção caso o gelo derreta antes de se conseguir o click ideal.

GELO TRITURADO

O efeito de gelo triturado também pode ser usado para incrementar as produções, seja para compor um drink ou para replicar aqueles pequenos cristais de gelo que ficam no exterior do copo ou garrafa.

Para criar esse efeito, uso o hidrogel para plantio, que é usado para manter a umidade em algumas plantas, mas funciona muito bem para nossa finalidade. Basta deixá-lo hidratando por pelo menos 12 horas e você terá algo muito similar aos cristais de gelo, mas aplique-o em um contexto com outras técnicas para que o resultado fique realista.

Existem diferentes formatos de hidrogel para plantio, então, depois de hidratado, pique ou esmague os gominhos para que fiquem com um formato parecido com cristais de gelo.

Esse produto também pode ser usado para replicar bebidas do tipo *frozen*. Nesses casos, é só colorir a água usada para hidratar o hidrogel com a mesma cor da bebida e bater com um mixer até obter o resultado desejado.

POSICIONANDO OS INGREDIENTES NO COPO

Além dos benefícios do gelo de acrílico que já citamos (não, eu não sou patrocinado por uma marca de acrílico), ele ainda ajuda a posicionar e a segurar os demais ingredientes dentro do copo, justamente porque não vai boiar.

As composições em número ímpar sempre são mais harmoniosas, por isso prefiro ir colocando os itens dentro do copo considerando esse padrão. Para posicionar os itens, indico usar uma cureta, aquele instrumento de dentista, porque de tudo que já testei para ajustes em locais difíceis de acessar, esse é o instrumento que funciona melhor.

Mas você pode usar um palito de churrasco ou uma pinça mais longa. A pinça, aliás, é indicada para rodelas de limão e outros ingredientes menores.

Ao posicionar os ingredientes dentro do copo, tome cuidado para não sujar ou estragar a pintura de copo gelado, caso ela tenha sido feita. Esse mesmo cuidado deve ser tomado ao transportar o copo. Uma técnica simples para movê-lo é: com a mão na borda superior do copo (ou a boca), incline-o levemente até que você consiga pôr a mão por baixo dele e transporte-o segurando pela base e pela boca do copo.

PASSO A PASSO

INGREDIENTES

- Taça
- Limpa-vidros ou álcool
- Gelos de acrílico
- Laranjas em rodelas de 0,5 cm
- Hortelã fresca (de preferência no vasinho)
- Pinças
- Cureta
- Papel-toalha
- "Spray de frescor eterno" (p. 78)
- Água com gás

MODO DE PREPARO

1. Separe os ingredientes para o preparo.
2. Limpe bem a taça com limpa-vidros (ou álcool) e papel-toalha. Coloque o gelo em números ímpares e uma rodela de laranja. Depois, mais gelo e um raminho de hortelã. Continue nesta ordem até que o recipiente esteja completo.
3. Com uma pinça ou uma cureta, faça os últimos ajustes no posicionamento dos ingredientes na taça.
4. Forre a borda da taça com um papel-toalha levando em consideração a linha onde a bebida vai terminar, uma vez que as gotas ficam mais concentradas na parte em contato com o líquido.
5. Borrife o spray de frescor e leve a taça-modelo para o local em que será fotografada, segurando pela borda revestida com papel-toalha e pela parte de baixo da base.
6. Retire o papel e preencha o copo com a água com gás com cuidado até atingir o nível traçado de gotas. Finalize com algumas borrifadas extras de spray de frescor para dar mais naturalidade e não ficar com a borda muito marcada.

Pronto, o drink está lindo e geladinho para ser fotografado por horas.

BLOODY MARY

Para mostrar um drink com decoração externa, resolvi fazer um Bloody Mary, que é superfotogênico e tem cores na sua composição que são complementares, então é um bom exemplo em todos os sentidos.

PASSO A PASSO

INGREDIENTES

- Polpa ou extrato de tomate
- Copo
- Limpa-vidros ou álcool
- Papel-toalha
- Gelos de acrílico
- Talos de salsão
- Palitos de churrasco
- "Bacon dos deuses, ondulado e crocante" (p. 106)
- Supercola
- Limão-siciliano
- Cureta e pinças
- "Spray de frescor eterno" (p. 78)

MODO DE PREPARO

1. Separe os ingredientes para o preparo.
2. Em um recipiente com bico direcionador, misture a polpa de tomate com água até obter a cor e e a textura desejada. Se por acaso a cor ficar muito fraca, adicione mais polpa de tomate ou ainda algumas gotinhas de corante vermelho.
3. Limpe bem o copo com limpa-vidros (ou álcool) e papel-toalha. Posicione os cubos de gelo, preenchendo o copo.
4. Posicione um talo de salsão e um palito de churrasco entre os cubos de gelo na parte de trás do copo.
5. Espete uma fatia de bacon crocante em um palito de churrasco, preservando as suas ondinhas. Se necessário, cole a sua borda no palito usando supercola. Posicione o bacon no copo, deixando o palito também na parte de trás para não aparecer na foto.
6. Espete o limão-siciliano no palito que foi posicionado anteriormente junto com o talo de salsão.
7. Forre a borda do copo com papel-toalha levando em consideração a linha onde a bebida vai terminar, uma vez que as gotas ficam mais concentradas na parte em contato com o líquido. Borrife o spray de frescor.
8. Leve o copo-modelo para o local onde será fotografado segurando pela borda revestida com papel-toalha.
9. Já no set, retire o papel e preencha com cuidado o copo com o suco de tomate até o nível em que terminam as gotas. Faça os últimos ajustes e está pronto para a foto.

MASSAS

Sou do Sul do Brasil, descendente de italianos, estudei gastronomia na Itália e, sobretudo, sou um amante da boa mesa! Então, não poderia deixar de falar sobre as massas, que, além de serem um grande exemplo de *comfort food*, também são um verdadeiro prazer de se trabalhar quando o assunto é food styling. Segure firme aí, afinal nada que fazemos aqui é para comer mesmo, mas ainda assim garanto que vai dar fome!

LASANHA À BOLONHESA

Na gastronomia, compor uma boa leitura das camadas de um prato é uma arte. A soma de cada camada, sejam camadas de sabor ou visuais, forma algo único – e este é o caso do prato que vamos fazer neste tópico.

A lasanha é um prato icônico e, para muitas pessoas, cheio de memória afetiva. Cada família tem uma receita, o seu toque especial, e ainda assim ela segue um padrão de preparo e até mesmo de consumo. Não é regra, mas esse prato geralmente é feito aos finais de semana e é consumido com a família reunida em torno de uma mesa cheia.

Quando falamos de lasanha, até a história é cheia de camadas. E o styling deste prato também é.

DICAS PARA O STYLING DA LASANHA

- Para o molho à bolonhesa, prepare a carne e o molho separadamente.

- Faça a carne com antecedência. Em uma frigideira antiaderente bem quente, refogue a carne moída com um fio de óleo até que ela fique bem seca. Deixe esfriar e guarde em um pote. A carne deve estar fria e seca para não liberar nenhum tipo de líquido na produção, o que pode estragar o visual do molho. A carne bem sequinha é fundamental inclusive para que ela se reidrate com o molho de tomate para chegar no resultado ideal.

- Misture um ketchup de qualidade com o extrato de tomate para obter um molho com uma textura bonita, grosso e levemente translúcido. Por que não usar apenas o molho de tomate? Porque cada ingrediente agrega uma informação diferente: o extrato traz uma textura mais espessa, e o ketchup torna o resultado um pouco translúcido. Antes de acrescentar a carne, é necessário drenar o molho: coloque porções do molho sobre papel-toalha para que este absorva os líquidos.

- A massa deve estar al dente, ou seja, não deve estar muito cozida, para que seja maleável e ao mesmo tempo firme. O tempo de cozimento vai variar de acordo com o tipo de massa. Teste antes para definir o tempo de cocção.

- Para evitar que a massa grude, borrife ou pincele um pouco de óleo, mas não exagere, porque, se ficar muito oleosa, o molho vai escorrer em vez de aderir à massa. Se for necessário, seque-a um pouco antes de fazer a montagem da lasanha.

- Nenhum ingrediente deve ser usado quente.

Pronto, com todos os avisos e dicas do pré-preparo dados, vamos ao passo a passo da montagem dessa receita.

PASSO A PASSO

INGREDIENTES

- Massa de lasanha cozida al dente
- Carne moída refogada bem sequinha
- Extrato ou polpa de tomate
- Ketchup
- Papel-toalha
- Lâminas de isopor
- Fixador de dentadura
- Prato
- Pincéis
- Queijo muçarela fatiado
- Alfinetes
- Azeite
- Manjericão fresco
- Pinças e tesoura
- Soprador térmico
- Maçarico

MODO DE PREPARO

1. Separe os ingredientes para o preparo.
2. Deixe preparadas a massa al dente, em temperatura ambiente e com um pouco de óleo borrifado para não grudar, e a carne moída refogada, bem sequinha e em temperatura ambiente ou fria. Misture o ketchup e o extrato de tomate em partes iguais e retire o excesso de água colocando esse molho sobre camadas de papel-toalha até que ele absorva o líquido.
3. Misture o molho à carne na proporção desejada e reserve por pelo menos 10 minutos para que a carne se hidrate no molho e absorva sua coloração, ganhando um aspecto realista, como se tivesse sido cozida no molho.
4. Determine o tamanho da base da lasanha e então corte uma lâmina de isopor para servir de molde/gabarito para o corte da massa. Recorte mais lâminas de isopor no formato da massa para usar entre as camadas da lasanha. Essas lâminas devem ser um pouco menores (em média 1 cm menor de cada lado) do que a massa para que não apareçam na produção.
5. Passe um pouco de fixador de dentaduras no prato onde a lasanha será montada e coloque uma lâmina de isopor para evitar que a lasanha se mova enquanto você trabalha nela.
6. Coloque o molho à bolonhesa no entorno da lâmina de isopor da base. Use um pincel para dar acabamento.
7. Coloque a primeira camada de massa.
8. Derreta o queijo em água quente até que ele fique com a aparência de derretido (mais maleável e translúcido).
9. Posicione o queijo paralelo à massa, com a borda dobrada para dar mais altura à camada. Este processo pode requerer algumas tentativas no começo, mas não tem problema, é só retirar e colocar novamente até chegar ao resultado desejado.

10. Sobre o queijo, posicione uma lâmina de isopor (no centro da lasanha, para que ela não apareça), e fixe-a com alfinetes.
11. Faça mais uma camada de bolonhesa, deixando a borda com um acabamento bonito.
12. Repita esse processo até atingir o número de camadas ou a altura desejada.
13. Quando chegar na última camada de massa, cubra tudo com o molho à bolonhesa.
14. Em seguida, cubra o molho com queijo picado grosseiramente para obter um aspecto mais natural e derreta o queijo com o soprador térmico, dando uma leve gratinada nessa camada superior. É importante que isso seja feito apenas na parte superior, já que as camadas inferiores da lasanha não ficam gratinadas. O maçarico pode substituir o soprador térmico neste caso.
15. Dê uma pincelada de azeite, óleo ou gel de confeitar por toda a lasanha para deixá-la hidratada e com brilho. Utilize um pincel bem macio para não tirar nada do lugar. Repita esse processo quantas vezes achar necessário para manter o brilho, pois isso faz parecer que a lasanha está quente.
16. Finalize com um raminho de manjericão ou qualquer outra erva de sua preferência e leve o modelo para a cena. Já em cena, finalize com um pouco de molho em pontos estratégicos do prato, criando um efeito de "molho escorrendo" para dar mais naturalidade e apelo ao prato.

ESPAGUETE AO SUGO

Solte uma tarantela aí que lá vem a macarronada! É só começar a falar em massa que eu já imagino uma música italiana de fundo. E, por mais que o macarrão não seja uma invenção italiana, e que o tomate seja uma fruta originária das Américas (pois é), esta comida se tornou tão popular por lá que é hoje um ícone do país reconhecido mundialmente.

As massas são ingredientes muito simples de se trabalhar, mas exigem alguns cuidados para garantir um resultado apetitoso. O seu acabamento pode ser mais conservador, mais gourmet ou mais realista, e isso vai depender das direções passadas pelo cliente. Independentemente da "pegada" do prato, a boa notícia é que o passo a passo é sempre igual, e o que muda mesmo é o acabamento.

FOOD STYLING

Neste passo a passo, o acabamento será mais realista, que, na minha opinião, é o que tem o maior *appetite appeal*. Vamos lá?

PASSO A PASSO

INGREDIENTES

- Espaguete
- Batata cozida
- Palitos de dente
- Pinças
- Molho de tomate com pedaços (drenado)
- Papel-toalha
- Pincéis
- Tomates-cereja cortados ao meio
- Spray lubrificante multiúso para mecanismos
- Manjericão
- Tábua de corte
- Queijo ralado

MODO DE PREPARO

1. Separe os ingredientes para o preparo. Cozinhe a massa al dente, seguindo as instruções do fabricante para saber o tempo necessário.
2. Coloque a batata cozida no centro do prato e amasse para formar um montinho que vai dar altura ao preparo.
3. Corte os palitos de dente ao meio e espete-os na base de batata com as pontas para cima. Estes palitos vão ajudar a posicionar e fixar a massa.
4. Usando as mãos, faça ninhos com o espaguete e vá posicionando-os de fora para dentro até cobrir todo o prato. Atente-se para que nenhum palito fique aparente.
5. Com a ajuda de uma pinça, puxe alguns fios do espaguete para "bagunçar" um pouco a produção e obter um aspecto mais natural.

Para um resultado mais plástico e perfeito, não é necessário seguir o passo 5. Nesses casos, procure esconder as pontinhas da massa quando for fazer os ninhos.

6. Drene o molho de tomate com papel-toalha, conforme demonstrado no passo a passo da "Lasanha à bolonhesa".
7. Depois, coloque o molho no centro da massa e, com a ajuda de um pincel, espalhe para as extremidades da massa.
8. Posicione os tomatinhos cortados ao meio sobre o espaguete, totalizando um número ímpar.
9. Espalhe mais o molho, cobrindo um pouco os tomatinhos para obter um aspecto mais natural, como se os tomates tivessem sido preparados junto com o molho.
10. Borrife um pouco de lubrificante multiúso para mecanismos sobre o preparo para obter um brilho mais uniforme na fotografia, e então limpe as bordas do prato com papel-toalha ou forre antes de aplicar.
11. Adicione as folhas de manjericão.
12. Posicione o prato no cenário e, por fim, coloque o queijo ralado. Se isso for feito com antecedência, o queijo vai se hidratar com o molho de tomate e o resultado não será tão bonito. Agora é só fotografar o seu espaguete ao molho sugo!

PIZZA

A pizza é outro prato italiano que está presente no mundo todo, embora cada país tenha regionalizado um pouco os seus ingredientes, sabores e até a forma de servir para se adaptar à cultura local.

No Brasil, a pizza normalmente é redonda mesmo, e um dos sabores mais tradicionais é o de calabresa, que será o modelo desse passo a passo, com aquela cena clássica da fatia sendo retirada com o queijo derretido puxando.

PREPARANDO A PIZZA PARA O STYLING

Para obter o melhor resultado, existem alguns cuidados que temos de tomar quando preparamos este prato delicioso para fotografia ou vídeo.

- Pré-asse a massa um pouco mais do que o normal para consumo, porque aquele aspecto tostado nas bordas é superfotogênico.

- Prefira queijos mais gordurosos porque derretem melhor, assim você vai conquistar um visual mais bonito. Se por acaso ele for tão gorduroso a ponto de liberar óleo, basta secar um pouco com papel-toalha para não ficar com um aspecto oleoso demais.

- Nem tudo deve ser assado junto com a pizza, uma vez que a alta temperatura poderá desidratar ou mesmo queimar alguns ingredientes – é o caso das folhas ou ervas frescas e do presunto cru, por exemplo. Outros, como tomate ou cebola, podem ou não ser assados, e isso vai depender do resultado que se quer obter. O importante aqui é considerar a opção de colocá-los sem assar.

- No caso das folhas e ervas frescas, além de não as assar, coloque-as na pizza somente na hora da foto, pois a alta temperatura vai fazer com que elas murchem e oxidem rapidamente.

- Procure cortar os ingredientes que serão assados com um tamanho parecido e com a mesma espessura para que assem de maneira uniforme.

- Mantenha o foco na pizza, ela por si só já compõe uma cena maravilhosa. Então, se a produção permitir, mantenha o restante o mais simples possível.

Agora, para saber como fazer aquela fatia deliciosa de pizza, cheia de queijo, acompanhe o passo a passo a seguir.

PASSO A PASSO

INGREDIENTES

- Massa de pizza pré-assada
- Palitos de dente
- Facas
- Molho de tomate
- Cortador de pizza
- Queijo muçarela fatiado ou ralado grosso
- Requeijão ou cola branca
- Calabresa fatiada
- Tesoura
- Maçarico ou soprador térmico
- Colheres
- Pinças
- Espátula
- Tábua de corte
- Óleo

MODO DE PREPARO

1. Separe os ingredientes para o preparo.
2. Comece marcando o centro da pizza usando um palito de dente para planejar a produção.
3. Determine onde ficará a fatia e coloque algum tipo de peso no restante da pizza, deixando a fatia livre. O peso usado tem que ser fino e vai servir para segurar a pizza no lugar quando levantarmos a fatia. Neste caso, usei duas facas, mas como alternativa você pode colar a pizza na base em que será servida usando supercola.
4. Espalhe o molho de tomate na massa, dando ênfase nas partes próximas às bordas ao longo do corte da fatia.
5. Marque com palitos onde a fatia vai ficar, e corte com um cortador de pizza.
6. Coloque tiras de queijo cruzando as linhas em que o corte foi feito para que o queijo fique bem evidente quando a fatia for levantada, criando aquele efeito de fios de queijo derretido.
7. Para garantir ainda mais umidade e textura na puxada, coloque um pouco de requeijão junto com as tiras de queijo. O requeijão pode ser substituído por cola branca.
8. Cubra a pizza com queijo. Capriche na quantidade ao redor dos pesos para deixá-los imperceptíveis.
9. Acrescente a calabresa. Se alguma rodela se sobrepor ao corte da pizza, use uma tesoura para cortá-la e coloque exatamente onde ela vai se dividir, como se tivesse sido cortada junto com a fatia da pizza.

O passo 3 é necessário porque, ao tirar uma fatia da pizza, que tem massa fina e bem leve, a pizza inteira poderia ser levantada. No caso de produção para vídeo, a fixação da pizza na sua base é ainda mais importante. Quando a base da pizza for de madeira, ela pode ser fixada usando percevejos, e caso você trabalhe frequentemente com esse tipo de preparo, pode ser interessante mandar confeccionar chapas de ferro bem finas para esta finalidade.

2

3

4

5

6

7

10. Preaqueça o forno em alta temperatura por 10 minutos e então coloque a pizza para assar por 3 minutos. Depois, use o maçarico, ou o soprador térmico, para gratinar o queijo e tostar um pouco a calabresa, mas mantenha uma distância para não queimar. Garanta que o queijo que foi posicionado no corte da fatia esteja derretido.
11. Coloque a espátula sob a fatia demarcada e retire os palitos. Na hora da foto, é só puxar a fatia e fazer o click.

Como fiz uma massa que sabia que era firme, ela não dobrou, ficando com um aspecto supernatural. Mas, para massas mais fofinhas ou com uma cobertura mais pesada, coloque uma lâmina de isopor (ou papel-cartão) exatamente sob a fatia para que ela não dobre ou caia na hora de levantar. Lembrando que esta lâmina de isopor deve ser menor do que a fatia para não aparecer, e ela pode ser presa sobre a espátula usando fita adesiva para facilitar o processo.

Se a sessão de fotos demorar, coloque mais algumas tirinhas de queijo no local do corte, derreta com o maçarico e repita a puxada. E se o queijo e a calabresa começarem a ficar opacos, pincele um pouco de gel de confeiteiro ou óleo sobre eles.

O queijo derretido, quando ainda está quente, tem um aspecto brilhante, mas quando esfria fica opaco e borrachudo. Derretê-lo repetidamente usando maçarico ou soprador térmico também vai resultar em um queijo sem brilho. Eu já passei por uma situação em que tive que aquecer uma pizza de muçarela usando o maçarico, e esse método foi deixando o queijo cada vez mais ressecado e opaco. A questão é que, como vimos, o brilho do queijo é justamente o que faz o preparo parecer quentinho, como se tivesse saído do forno, e cria todo o appeal que desejamos. A minha salvação neste caso foi o gel de confeiteiro. Basta pincelar um pouco desse ingrediente milagroso que o queijo ficará com aquela cara de derretido e quente. Ah, e com uma vantagem em relação ao óleo: ele não vai gerar aquele aspecto de oleoso que muitas vezes não conversa com a proposta da produção.

PASTEL DE CARNE

O pastel é um dos salgados mais queridos do Brasil, e é um excelente exemplo de alimento recheado para styling. Pastéis, bolinhos, coxinhas, tortas e massas são outros alimentos recheados que podem ser trabalhados exatamente da mesma maneira que iremos mostrar neste passo a passo.

RECHEANDO SALGADOS

No caso do pastel, queremos uma massa sequinha com um aspecto crocante e um recheio apetitoso, mas, na prática, o recheio vai umedecer a massa e torná-la menos atraente.

Então, como fazer para que o pastel fique bem recheado, estufado e não perca o apelo visual da massa sequinha e crocante?

Simples, basta "recheá-lo" com algodão, fritá-lo e só então adicionar o recheio em temperatura ambiente. Indico o algodão porque ele não interfere no processo de cocção da massa e não libera nenhum líquido ou cor, preservando a massa com o seu melhor aspecto. Além disso, o algodão serve de estrutura interna, mantendo o formato da massa recheada estufada e sem marcas.

Os pastéis fechados podem permanecer preenchidos com o algodão, apenas os que forem abertos vão receber o recheio real. Nestes casos, depois de cortar o salgado, empurre o algodão para o seu interior e adicione o recheio em temperatura ambiente (ou frio), com cuidado para que o recheio cubra todo o interior e o algodão não fique aparente.

Existe ainda a possibilidade de retirar todo o algodão e preencher o salgado com o recheio desejado. Este é o caso indicado para o preparo de uma coxinha, por exemplo, em que o aspecto da massa não será prejudicado pelo recheio.

O preenchimento do salgado com o recheio é uma arte, e o maior cuidado aqui é para que ele pareça natural (a menos que a direção de arte peça por algo com um aspecto mais artificial). É muito comum ver algumas produções em que fica muito nítido que o recheio foi colocado cuidadosamente depois que o salgado foi cortado. Eu prefiro trabalhar o recheio para parecer que ele estava ali assim, lindo, quando o salgado foi aberto, obtendo um resultado perfeitamente imperfeito. Para isso, vá colocando o recheio aos poucos até obter o resultado desejado.

Seguindo essa linha de manter uma certa naturalidade, deixe o salgado levemente imperfeito ao cortá-lo, de modo que gere alguma textura, evitando um corte extremamente preciso e liso para não transmitir uma sensação artificial ou excessivamente plástica.

Fotografia por João M. Portelinha Neto.

Mas e quando recebemos os salgados recheados prontos? Nesse caso, podemos trabalhar o recheio depois de cortá-lo; eu mesmo já fiz isso, e funciona também. Você pode cortar o salgado com cuidado, retirar o recheio e trabalhá-lo de modo que fique bonito, inclusive adicionando um recheio novo pensado para a produção – tome cuidado para que não pareça que um recheio novo foi sobreposto ao antigo. A intenção aqui é chegar a um resultado leve e bonito, já que normalmente o recheio original é compacto. Recomendo refazer do zero apenas em casos como o do pastel, pela facilidade de preparo e pela enorme diferença no resultado.

Outros cuidados importantes que devem ser tomados quando trabalhamos com alguns salgados é o processo de fritura. Vamos, então, a algumas dicas para fritar.

DICAS PARA FRITAR

- Frite por imersão, ou seja, coloque uma quantidade de óleo na panela que seja suficiente para mergulhar por completo o alimento que será frito.

- Aqueça o óleo vegetal a uma temperatura média de 180 °C, e não deixe que ele fique muito quente para obter uma coloração mais uniforme. Para ter certeza, use um termômetro culinário ou teste com um pedaço de pão. Coloque-o no óleo quente, e se ele estiver dourado depois de 40 segundos, a temperatura está boa. Ignore a técnica do palito de fósforo, ela é um mito; se o palito de fósforo acender no óleo quente (ele acende a 230 °C), quer dizer que a temperatura está muito alta e vai queimar o salgado.

- Frite sempre um item de cada vez, para que não toquem um no outro, prevenindo marcas.

- Mantenha o óleo limpo. Se necessário, troque-o, sempre tomando muito cuidado.

- Não poupe papel-toalha para escorrer a fritura, queremos ela bem sequinha e sem marcas. Não sobreponha itens fritos para não os deformar. De preferência, coloque cada fritura em uma forminha individual com papel-toalha.

PASSO A PASSO

INGREDIENTES

- Massa de pastel
- Algodão
- Garfo ou raspador de parafina
- Tesoura
- Carne moída sequinha e soltinha
- Molho tarê
- Salsinha picada
- Azeitonas em fatias

- Óleo vegetal para fritar
- Papel-toalha
- Cortadores de ravióli ou aro
- Pincéis
- Pinças
- Estilete
- Tábua de corte

MODO DE PREPARO

1. Separe os ingredientes para o preparo.
2. Antes de qualquer coisa, vamos montar nosso pastel de algodão superleve. Corte a massa do modelo no tamanho desejado e preencha com algodão exatamente como se fosse rechear.
3. Feche o pastel da maneira que preferir, pode ser com um garfo ou carretilha de corte de massas. Utilizei aqui um raspador de parafina, daqueles usados por surfistas, porque ele tem um formato que me agrada e dá um resultado bonito.
4. Corte a borda da massa com uma tesoura para um acabamento mais preciso.
5. Frite o pastel individualmente por imersão em óleo vegetal a 180 °C até atingir uma coloração dourada e uniforme, com aquelas bolhinhas típicas de massa de pastel bem crocante. Para preparar a carne moída, siga as instruções que foram passadas em "Dicas para o styling da lasanha". A carne deve estar bem sequinha e em temperatura ambiente ou fria. Então, misture-a com molho tarê até obter o resultado desejado.

Se quiser obter ainda mais bolhinhas na massa, frite o pastel gelado.

6. Pique os temperos que vão compor o recheio, como a azeitona e a salsinha, e reserve-os.
7. Use um aro ou cortador de ravióli para marcar o formato imitando uma mordida, e então corte com uma tesoura. Em massas mais macias, você pode cortar direto com o cortador de ravióli e já obter um resultado de "marcas de dentes".
8. Empurre o algodão para dentro do pastel, ele vai servir de apoio para o recheio de carne. Adicione aos poucos a carne preparada até cobrir a borda recortada, mas cuidado para não encher demais e criar aquele aspecto de artificial.
9. Quando o pastel já estiver no cenário, adicione as azeitonas e a salsinha picadas com a ajuda de uma pinça. Finalize com uma pincelada de molho tarê para dar mais brilho, e pronto!

EMPANAMENTO

Caso você trabalhe com algum item empanado, existem algumas dicas para conquistar aquele resultado maravilhoso e aveludado, que dá vontade de morder.

- Sempre que possível, faça o empanamento no dia da produção.

- Para mim, o empanamento ideal segue esta ordem:

  1. Passe no *egg wash* (mistura homogênea de ovo com água, na proporção de 1 colher de sopa de água para cada ovo).
  2. Passe na farinha de rosca.
  3. *Egg wash* novamente.
  4. Farinha de rosca novamente.
  5. Frite.

- Caso você receba o produto já empanado, retire o empanamento com cuidado e refaça-o seguindo os passos. Você pode usar água corrente ou, para produtos mais sensíveis, uma escovinha de cerdas macias. Em último caso, quando não for possível retirar o empanamento, reforce-o passando o produto no *egg wash*, depois na farinha de rosca e então frite.

- Nunca encoste um salgado no outro, isso cria umidade e deixa a superfície desigual.

- Depois de fritos, você pode passar um pouco de verniz fosco nos salgados para preservar um aspecto fresco por mais tempo, além de ajudar a fixar o empanamento.

Fotografia por João M. Portelinha Neto.

SOPA E FEIJOADA

As sopas e os cremes têm grande potencial para gerar produções lindas. Basta pesquisar por "soup recipes" no Pinterest, e você encontrará um universo de cores e texturas. As sopas nos transmitem sensação de conforto e despertam os nossos sentidos.

Por outro lado, a feijoada é um desafio para nós, food stylists: ela não é nada fotogênica. Você já deve ter reparado que na maioria das fotos ela fica parecendo qualquer coisa, menos um prato apetitoso. Por isso a importância de mostrar um passo a passo e alguns cuidados para conseguir um resultado que esteja à altura do sabor que esse maravilhoso prato tem.

CREME DE ABÓBORA

A esta altura você já deve saber que existem alguns segredos e técnicas por trás de uma linda produção de sopa, e que nem sempre o que os nossos sentidos nos dizem quando estamos olhando uma foto é realidade. Sim, a sopa que você viu na introdução deste tópico está fria, porque assim ela permanece estável por mais tempo, e os croûtons, por exemplo, vão durar mais antes de ficarem hidratados e feios.

Então, vamos ao preparo do creme de abóbora!

PASSO A PASSO

INGREDIENTES

- Abóbora em cubos cozida
- Cenoura sem casca em rodelas e cozida
- Batata cozida
- Pincéis macios
- Creme de leite
- Croûtons
- Pimenta calabresa
- Salsinha fresca
- Papel-toalha
- Pinças
- Faca
- Tábua de corte

MODO DE PREPARO

1. Separe os ingredientes para o preparo.
2. Com um liquidificador ou mixer, faça um creme com a abóbora, a cenoura cozida e um pouco de água. A quantidade de água vai ditar a textura do creme, então vá adicionado aos poucos até obter o resultado desejado. Optei por adicionar a cenoura para obter uma coloração mais interessante.
3. Preencha os bowls com a batata cozida, amasse-as e nivele com uma colher até a altura desejada. Deixei em torno de 3 cm abaixo da borda. Esse preenchimento também pode ser feito com o pirão de farinha de mandioca, conforme ensinado em "Salada de frutas".
4. Adicione o creme e espere até ele assentar. Aos poucos, ele vai preencher os espaços entre as batatas e pode baixar um pouco o nível do creme. Procure deixar entre 1,5 e 2 cm abaixo da borda, pois ainda vamos colocar os croûtons.
5. Com um pincel macio, desenhe uma espiral no creme para obter uma estética mais orgânica.
6. Com uma colher, adicione o creme de leite formando uma meia-lua, acompanhando as espirais do creme.
7. Espalhe o creme de leite com um pincel de cerdas macias acompanhando o mesmo desenho do creme de abóbora para um aspecto marmorizado.

8. Coloque os croûtons, um a um, e em número ímpar. Optei por formar uma composição assimétrica, posicionando-os apenas de um lado da cumbuca, mas poderia ter colocado centralizado. Ambas as opções deixam espaço para destacar o creme de abóbora, que é o protagonista desta produção, e criam uma composição bonita.
9. Adicione as folhas de salsinha com o auxílio de uma pinça.
10. Salpique um pouco de pimenta calabresa e use uma pinça para colocar alguns flocos em pontos específicos. Pronto! Agora transporte com muito cuidado para o cenário e utilize os croûtons ou a pimenta calabresa para gerar um pouco de ruído na cena.

Explore diferentes ervas e temperos para compor a produção. Eles são ingredientes que sempre deixam os pratos muito mais bonitos e apetitosos.

FEIJOADA!

De todos os pratos que vimos até aqui, este é um dos mais brasileiros! Ok, ok, a origem do prato é europeia, como o cozido português, o puchero espanhol ou o cassoulet francês, mas o feijão-preto é destas terras, inclusive já era usado pelos povos nativos daqui, e existem indícios de influências africanas na nossa versão. Enfim, este é o prato mais democrático e brasileiro que conheço.

Vamos demonstrar aqui como podemos deixá-lo com uma aparência apetitosa – do jeitinho que ele merece – seguindo as orientações de pré-preparo e o passo a passo a seguir.

PRÉ-PREPARO PARA A FEIJOADA

Antes de começar a produzir a feijoada, inicie cortando o paio em rodelas de no máximo 1,5 cm e sele cada lado por 10 segundos. Sele da mesma maneira o bacon cortado em retângulos. Como você já sabe, quanto menos cocção, mais suculentas e apetitosas ficam as carnes, e neste caso não é diferente.

Depois de selados, esses defumados ficarão com um aspecto mais interessante, perdendo a gordura branca e a aparência crua. Mas não caia na tentação de os deixar dourados, porque nesta receita eles passam por cocção úmida dentro do caldo de feijão, portanto não adquirem esse aspecto dourado.

Corte as aparas do bacon em cubinhos e frite-os até que fiquem bem dourados e com aspecto de crocante para usarmos na couve. Falando nela, corte-a em *chiffonade* e refogue-a na mesma frigideira por 10 segundos, apenas o suficiente para murchá-la de leve e deixá-la mais verdinha.

Mas e o feijão? Este apresentamos no passo a passo a seguir.

PASSO A PASSO

INGREDIENTES

- Farinha de mandioca
- Água
- Bowl para preencher a panela
- Filme plástico
- Paio fatiado e selado, em temperatura ambiente
- Bacon picado e selado, em temperatura ambiente
- Feijão-preto a vácuo cozido e pronto para uso
- Óleo vegetal
- Couve em *chiffonade* refogada e em temperatura ambiente
- Bacon em cubinhos crocantes, em temperatura ambiente
- Papel-toalha
- Farofa pronta

- Spray de frescor eterno
- Folhas de louro
- Laranjas cortadas ao meio
- Colheres
- Pincéis
- Pinças
- Estiletes

Antes de mais nada, você deve estar se perguntando se há algum motivo especial pela escolha do feijão a vácuo. Tem, sim, vários! Ele vem pronto, é fácil de transportar, não estraga, os grãos vêm sempre inteiros, tem padrão, o caldo é bonito e, vamos combinar, sempre que possível temos que optar pelo que é mais prático, não é?

MODO DE PREPARO

1. Separe os ingredientes para o preparo.
2. Comece fazendo um pirão mais seco, com farinha de mandioca e água, até ficar como uma massa de modelar. Você pode escolher o método de preenchimento de sua preferência. Eu optei por usar o pirão em conjunto com um bowl invertido para demonstrar mais de uma técnica, neste caso uma técnica mista. Esta base poderia ser feita apenas com o pirão ou mesmo com batatas cozidas e amassadas.
3. Já no recipiente em que a feijoada será servida, coloque o bowl com a boca virada para baixo e forre o entorno com o pirão de farinha de mandioca. Sele bem a borda do bowl com este pirão para não correr o risco de o caldo infiltrar ali. Deixe tudo nivelado e cubra com filme plástico para garantir que fique ainda mais impermeável.

Repare que delimitei a área de preparo na panela de feijoada usando uma lâmina de isopor. Isso serve para ilustrar outra possibilidade de preenchimento que pode ser usada quando o utensílio não for aparecer integralmente na imagem. Dessa maneira, é possível reduzir o consumo de alimentos no preparo.

4. Adicione o feijão e espalhe com uma colher até que fique tudo no mesmo nível, escondendo toda a base.
5. Para parecer que as rodelinhas de paio estão mergulhadas no feijão e dar mais movimento ao prato, corte as fatias na transversal e então coloque-as no preparo (veja o resultado na imagem).
6. Faça o mesmo procedimento com os pedaços de bacon.

SOPA E FEIJOADA

7. Pincele os defumados com um pouco de óleo ou com o caldo do próprio feijão para parecer que eles foram cozidos juntos e dar mais realismo. Com o tempo, o caldo acaba escorrendo e secando, então avalie a necessidade de reaplicar antes do click.
8. Coloque a couve no utensílio e use uma pinça para espalhar e dar movimento e leveza ao prato. Adicione os cubinhos de bacon frito, colocando-os um a um com uma pinça. Depois de tudo bem arrumadinho, dê uma leve bagunçada. Deixe alguns cubinhos de bacon parcialmente cobertos pela couve, criando uma bagunça controlada para mais realismo.
9. Se necessário, preencha a cumbuca da farofa com papel-toalha e então coloque a farofa cobrindo todo esse preenchimento.

A farofa que usei tinha uns pedacinhos mais escuros, então arrumei um pouco para ter uma distribuição mais homogênea desses pontinhos.

10. Já em cena, borrife o spray de frescor sobre a couve para reanimar o seu brilho.
11. Retoque as pinceladas de caldo de feijão sobre os defumados, e reposicione os ingredientes, caso necessário.
12. Monte a cena. Neste caso, acrescentei folhas de louro e laranjas, que têm cores complementares muito bonitas. Dê uma sujadinha na "mesa" com um pouco de farofa para humanizar.

Caso opte por preparar o feijão, indico fazer em dois tempos. Cozinhe o feijão até que os grãos atinjam um aspecto de cozido, mas ainda inteiros e firmes, retire metade desses grãos e reserve. Em seguida, deixe o restante cozinhar bem até atingir um caldo bonito e encorpado. No recipiente preparado para a cena, adicione os grãos e complete com o caldo.

PANELAS, CAÇAROLAS E PRATOS PESADOS

Assim como vimos no preparo da feijoada, quando trabalhamos com caçarolas e pratos pesados, o ideal é usar utensílios menores. Nestes casos, quanto menor, melhor, para proporcionar uma boa leitura do alimento.

Todos os preparos que envolvem esses utensílios estão ligados a uma gastronomia com memória afetiva e comida caseira, então invista na humanização da cena. Traga parte dos ingredientes da receita para a superfície do preparo e use um acabamento com ervas e itens mais frescos para deixá-lo com um visual mais leve. Assuma que a caçarola tem uma pegada mais bagunçada mesmo e tire vantagem disso.

Dê preferência para um ambiente claro, com iluminação traseira, para deixar a produção mais leve e trazer mais textura. Leveza e simplicidade também devem nortear a composição da cena, pois o preparo em si normalmente já tem muita informação. Isso ajuda a direcionar a atenção do espectador para o protagonista e desperta aquela vontade de participar da cena proposta.

Fotografia por João M. Portelinha Neto.

DOCES

Fotos ou vídeos de doces são sinônimo de sucesso nas redes sociais. É só postar que vai ter chuva de likes, pode acreditar. O apelo visual dos doces, especialmente o do chocolate, é indiscutível. Descubra os segredos por trás dessas deliciosas imagens.

CHOCOLATE

Chocolate é tudo de bom, não é? Mas não pense que é só colocar uma barra de chocolate no cenário que já está tudo lindo, existem alguns cuidados e técnicas que precisamos aplicar para extrair o melhor dessa maravilha.

TRABALHANDO COM CHOCOLATE

O chocolate é um produto muito sensível de se trabalhar. Ele pode derreter, quebrar e ficar com marcas de dedos. Quando a produção é para fotografia, qualquer detalhe fica muito evidente.

Em primeiro lugar, o ideal é que a temperatura ambiente esteja abaixo dos 21 °C, isso vai evitar que o chocolate derreta facilmente ou amoleça, tornando muito mais fácil o seu manuseio e preservando o seu formato. Além disso, o calor das nossas mãos também deixa marcas na sua superfície, então use luvas e, se necessário, sobreponha mais de uma na mesma mão, para minimizar as marcas deixadas pelos nossos dedos no chocolate.

Os cuidados com a superfície de trabalho também são importantes. Opte por materiais lisos como papel-manteiga, tapete de silicone ou vidro. Eles não vão deixar marcas e facilitam a sua movimentação. Já para transportar, prefira espátulas firmes e grandes.

Jamais, em hipótese alguma, deixe o chocolate entrar em contato com água, vapor ou qualquer tipo de umidade. Eles são inimigos mortais, e, se entrarem em contato, a textura do chocolate será arruinada – isso vale para ganache também. Chocolate e geladeira também não combinam.

Trabalhe sempre com uma quantidade extragenerosa. Por se tratar de um ingrediente tão sensível, você pode precisar de várias opções até encontrar o modelo ideal ou pode ter que refazer algum preparo.

Diferentes tipos de pincéis são recomendados, os mais macios para limpar a superfície do chocolate, e os mais firmes para limpar a mesa de trabalho. Rebarbas podem ser removidas com um estilete, e pequenos defeitos com o próprio pincel macio ou esponja de maquiagem. Finalize essas correções com um secador de cabelos. Para isso, mantenha distância e movimento constante para apenas amolecer levemente a superfície do chocolate (cuidado para não o derreter), e assim obter um resultado uniforme, homogêneo e brilhante na medida certa. Antes de usar o secador, teste na sua mão uma distância e temperatura que você suporte por mais de 5 segundos, para não deformar ou derreter em excesso o chocolate.

O soprador térmico não é indicado nesse caso porque a temperatura dele é elevada demais para o chocolate. Antes do take, passe novamente o secador para obter um brilho bonito e aspecto homogêneo.

Neste passo a passo, você pode acompanhar a aplicação dessas técnicas e ainda aprender a fazer aquela marca de mordida que é perfeita para humanizar a foto e despertar o desejo de que aquela mordida seja a sua.

PASSO A PASSO

INGREDIENTES

- Papel-manteiga
- Luvas descartáveis
- Chocolate
- Pincéis
- Secador de cabelo
- Formões curvos (desses para entalhar madeira)
- Espátula chata
- Tábua de corte

MODO DE PREPARO

1. Inicie forrando a área de trabalho com o papel-manteiga; se necessário, fixe com fita-crepe. Vista as luvas, escolha o chocolate mais bonito e posicione-o para começar a trabalhar.
2. Limpe o chocolate com um pincel macio para remover micropedacinhos da superfície do modelo. Se deixarmos, essas partículas vão derreter nos próximos passos, o que deixará o aspecto menos uniforme.
3. Escolha o tamanho da mordida e marque com o formão. Vá retirando o excesso de chocolate aos poucos, porque se começar direto na marcação o chocolate pode quebrar e você vai perder o modelo. Quando chegar próximo da linha desenhada, comece a entalhar com cuidado usando um formão com tamanho aproximado ao de um dente. Pacientemente, vá marcando um a um até chegar ao resultado desejado, mas cuidado para não deixar a marca de 57 dentes, tudo bem? Queremos um resultado realista.
4. Utilize o formão ou um estilete para remover as rebarbas nas laterais e na base do chocolate.
5. Limpe novamente o chocolate usando um pincel macio.
6. Sopre ar quente com o secador de cabelo no modo mais fraco para uniformizar a superfície e dar mais brilho (compare a foto finalizada com as do passo a passo para ver a diferença deste processo). Não utilize o soprador térmico para este fim, ele é muito quente e você perde o controle do breve derretimento do chocolate.
7. Com uma espátula firme e fina, transporte o modelo para o local da foto e está pronto! Sempre que precisar renovar o brilho, dê aquele retoque rápido com o secador de cabelos, e o seu modelo estará lindo novamente para a cena.

BOLO DE CENOURA COM CHOCOLATE

O bolo de cenoura não é uma exclusividade do brasileiro, mas que o nosso é o mais gostoso, isso é! Ainda mais com aquele mar de chocolate por cima. Ele tem um apelo visual forte e um apelo afetivo ainda maior, e é esse lado afetivo que nos faz achar que o nosso é o melhor. Afinal, quem não se lembra de um momento da própria infância quando vê um bolo de cenoura?

A confeitaria é uma área da gastronomia que é conhecida por ser mais detalhista e dar mais atenção aos acabamentos. Apesar de sabermos que detalhismo e um bom acabamento são importantes no food styling, nem sempre o que está bonito para comer vai parecer bonito para foto ou vídeo.

Nesta receita de bolo de cenoura com chocolate, vamos falar principalmente sobre estruturas e camadas. O desafio aqui é atingir um resultado natural, mesmo com todas as técnicas empregadas.

Mas, antes, vamos ver alguns detalhes importantes sobre styling para bolos.

PREPARANDO BOLO PARA FOOD STYLING

O planejamento é sempre o primeiro passo em qualquer produção, e neste caso temos três opções: mostrar o bolo inteiro, o bolo cortado (evidenciando o seu interior) ou a fatia.

Se você optar por fazer um bolo inteiro (sem fatias) com cobertura, considere a possibilidade de usar um modelo de isopor em vez de preparar a massa do bolo. Em lojas de decoração para festas e de confeitaria, você encontra facilmente essa estrutura de isopor em diferentes formatos, então basta aplicar a cobertura e ninguém vai saber o que está debaixo dessa camada. A vantagem neste caso é que você terá um bolo com formato perfeito, e a cobertura poderá ser reaplicada quantas vezes for necessário. Sem contar ainda a praticidade de não ter de preparar a massa e, algo raro no food styling, não desperdiçar comida. Como o isopor é muito leve, quando você for passar a cobertura, ele não terá estabilidade e vai ficar sambando na base em que estiver colocado, então, para facilitar, uma sugestão é espetar dois palitos de churrasco na parte de baixo para segurá-lo enquanto passa a cobertura.

Se você for preparar a massa do bolo, faça com um dia de antecedência, assim ela estará mais firme e menos frágil na hora de montar.

Caso você não tenha muita experiência com a confeitaria e não saiba preparar uma massa de bolo maravilhosa e firme, existe sempre a possibilidade de comprar mistura para bolo e prepará-la ou comprar a massa do bolo pronta em um fornecedor do sua confiança.

Se você optar por preparar a sua, a dica para obter uma massa firme é adicionar meia colher de chá de goma xantana para cada receita ou uma colher de chá de emulsificante. Esta não é uma regra, mas vai garantir um resultado com uma estrutura melhor e mais firme para se trabalhar.

A fermentação da massa resulta em alvéolos, e nem sempre eles estarão uniformes no local do corte. Por isso, tenha no mínimo dois modelos, assim você poderá fazer quantas fatias forem necessárias para conseguir um resultado perfeito. Você também pode cobrir um ou outro buraquinho usando migalhas ou pedaços de bolo para preenchê-los. Basta colocar esses pedacinhos com o auxílio de uma pinça.

O tipo de cobertura varia de acordo com o objetivo de sua produção, mas, quando o assunto é cobertura para bolo, existem algumas características que você deve buscar. É importante que ela seja maleável, porém firme, para que seja fácil de espalhar e garantir que fique estável, com as formas que planejamos.

Sempre que possível, opto pela ganache, porque ela tem essas características que desejamos para cobertura de bolo. Neste passo a passo, preparei uma ganache com proporção de duas partes de chocolate para uma de creme de leite e deixei repousar por 24 horas. Depois disso, bati com um fouet para obter uma textura mais maleável e com um aspecto de bolo da vovó.

Outras opções que funcionam muito bem para cobertura são chantili, merengue e *buttercream* (creme de manteiga).

PASSO A PASSO

INGREDIENTES

- Bolo de cenoura
- Faca de serra
- Fio dental ou linha de costura
- Lâminas de isopor
- Palitos de dente
- Alfinetes
- Cobertura de chocolate
- Tesoura
- Espátulas de confeitaria
- Chocolate granulado
- Estilete
- Colheres
- Tábua de corte
- Espátula para servir bolos
- Pinças

MODO DE PREPARO

1. Separe os ingredientes para o preparo.
2. Comece cortando o bolo no tamanho e formato desejados, assim é possível garantir um acabamento mais perfeito. Para isso, faça uma marca com algum molde e vá cortando cuidadosamente com uma faca de serra, sem pressionar a massa do bolo.
3. Com a faca, marque o meio do bolo ao longo de toda a sua circunferência, onde iremos cortá-lo para dividir pela metade e rechear.
4. Para cortar o bolo, existem algumas ferramentas de confeitaria, como o cortador/nivelador, que tem uma haste com um fio em que é possível regular a altura para o corte. Mas vamos usar aqui uma técnica alternativa supersimples e eficaz, que é feita usando um fio dental. Circunde o bolo colocando o fio dental exatamente na marca feita anteriormente até as duas pontas se encontrarem. Enrole-as como se fosse dar um nó.
5. Vá puxando até cortar todo o bolo, separando as metades por completo.
6. Corte uma lâmina de isopor com um diâmetro um pouco menor do que o do bolo. Neste caso específico, o prato que planejei usar é um pouco menor do que o bolo, então

esta lâmina de isopor também servirá para nivelá-lo no prato.
7. Faça cortes nesta lâmina nos locais onde serão feitas fatias planejadas para o bolo. Neste caso, serão duas. Esses pedaços servirão de base para essas fatias. Retire cerca de 1 cm das laterais de cada lâmina de isopor para que elas não apareçam sob as fatias do bolo.
8. Coloque palitos de dente nas extremidades de cada lâmina de isopor que ficará sob a fatia e posicione-as no prato. Esses palitos servirão de marcação para a hora de cortar o bolo. Com cuidado, posicione a primeira camada do bolo sobre as lâminas de isopor.
9. Sobre esta camada, coloque outra lâmina de isopor, repetindo o mesmo processo de recortar as lâminas um pouco menores do que as fatias. Fixe essas lâminas com alfinetes. Elas ajudarão a dar estrutura à camada de recheio. Coloque uma camada de recheio sobre as lâminas de isopor.
10. Posicione a segunda camada de bolo sobre o recheio. Com uma tesoura, recorte quaisquer arestas na massa do bolo para um acabamento mais bonito.
11. Com uma espátula, adicione a cobertura e dê o acabamento desejado.
12. Adicione o granulado para um acabamento mais caseiro e confortável, que é a linha desta produção.
13. Marque o centro do bolo com um palito e corte as fatias respeitando as marcações.
14. Retire os palitos e limpe o prato do bolo.

15. Caso a lâmina de isopor na base esteja aparecendo, recorte o excesso com um estilete.
16. Melhore o acabamento do recheio com um pincel.
17. Adicione um pouco de granulado e farelo de bolo no prato para dar mais naturalidade.
18. Com uma pinça, retire as marcas da cobertura e do recheio que ficarem na massa do bolo. Faça os últimos acabamentos na cena. Crie ruídos de chocolate granulado ou dê uma sujadinha estratégica na espátula.

Para obter um resultado menos caseiro, é indicado cortar as fatias do bolo antes de fazer o recheio e a cobertura. Neste caso, siga os mesmos passos, incluindo as lâminas de isopor, mas recheie o bolo e as fatias separadamente após cortadas.

Agora já pode passar um café para combinar com esse bolo? Porque deu fome!

CEREAL MATINAL

Este é outro clássico do food styling. Você já deve ter visto aquela cena com sol matinal entrando com uma luz lateral e mais esbranquiçada, que parece ofuscar um pouco os nossos olhos, quando uma colher com leite e cereal parece sair de dentro de um bowl.

Quando digo que este é um clássico, não estou me referindo apenas a esta cena, mas também a uma técnica muito abordada no food styling: a substituição de um ingrediente que não fica bem em cena. Neste caso, o leite.

LEITE

Mas por que substituir o leite? Isso tem a ver com as características que queremos explorar em foto ou vídeo e que não conseguimos obter com o leite, pelo fato de ele ser muito mais transparente, mais líquido e amarelado do que gostaríamos. Além disso, quando colocamos o cereal no leite, ele se hidrata e afunda em vez de ficar boiando, com aquela camada bem branquinha de leite se sobrepondo.

A verdade é que hoje em dia o leite, mesmo o integral, mais parece água tingida de branco, e o resultado dele na foto ou vídeo não fica tão apetitoso.

Existem, então, algumas possibilidades para imitar o leite nas produções, e tenho entre elas a minha preferida: a cola branca. Ela tem uma cor realmente bem branca, imprime uma textura mais espessa, e nela o cereal não vai afundar. Como alternativa também é possível usar um condicionador branco para cabelo, mas aí será necessário testar diferentes marcas até chegar na textura e cor ideais, por isso a minha escolha número um é sempre a cola branca mesmo.

À esquerda, o cereal com cola branca; e à direita, com leite integral. A tendência é que o cereal no leite vá ficando cada vez mais hidratado e afunde, enquanto o que fica na cola branca se mantém na superfície e com aspecto de crocante.

SELECIONANDO O CEREAL

Um pacote de cereal costuma vir cheio de flocos quebrados, que não são nada fotogênicos. Então, por mais trabalhoso que seja, é necessário selecionar um por um os flocos mais bonitos para usar na produção e garantir que estejam lindos para a cena. Distribua os mais bonitos em uma bandeja para facilitar o trabalho. Para a cena que fiz neste passo a passo, consegui aproveitar no máximo 20% dos flocos da embalagem.

PASSO A PASSO

INGREDIENTES

- Bowl
- Papel-alumínio
- Morangos bonitos e bem vermelhos
- Cola branca
- Cereal de milho
- Leite integral
- Conta-gotas
- Pinças
- Papel-toalha
- Pincéis
- Faca
- Tábua de corte

MODO DE PREPARO

1. Separe os ingredientes para o preparo.
2. Vamos começar preenchendo a base do bowl escolhido para a cena. Neste caso, como o utensílio é pequeno, forrei a base com papel-alumínio; o importante aqui é deixá-lo bem compactado para que ele não flutue. O preenchimento pode ser feito também com batata amassada ou pirão de mandioca.
3. Sobre esta base, posicione três pedaços de morango, formando um triângulo. Lembrando que os números impares ficam mais harmônicos. Esses morangos ficarão parcialmente submersos.
4. Preencha o recipiente com a cola branca até a altura desejada, considerando que ainda entrarão outros ingredientes. Aguarde um pouco até a cola assentar e preencha novamente, se necessário.

5. Comece colocando o cereal no centro do bowl, formando um montinho, e depois continue colocando de dentro para fora até chegar às extremidades. Cuidado para o posicionamento não parecer intencional. Tente deixá-lo natural e criar movimento, e lembre-se que queremos deixar o leite visível também.
6. Posicione mais três pedaços de morangos, formando outro triângulo.
7. Coloque mais alguns cereais para cobrir levemente os morangos e dar um aspecto mais natural.
8. Por fim, para obter um aspecto mais realista, coloque algumas gotas de leite integral (de verdade, neste caso). Faça isso com o auxílio de um conta-gotas, posicionando sobre alguns morangos e flocos do cereal. Esse ruído tira um pouco a perfeição da produção e deixa o preparo ainda mais confortável aos olhos.

Sempre que possível, adicione algum tipo de ruído à produção para trazer mais naturalidade e realismo. Neste caso, foram as gotas de leite integral que ajudaram a tirar um pouco a perfeição da cola branca. Esses detalhes tornam a imagem mais confortável, mesmo que na maioria das vezes passem despercebidos.

FOOD STYLING

TORRADINHAS COM GELEIA

A imagem de torradinha com geleia que proponho aqui é daquela que nos transmite o aconchego de um fim de tarde nublado. Este é um bom exemplo de preparo que é finalizado em cena, com algumas intervenções que nos indicam um sinal de humanização, como uma faca suja, um farelo da torrada, uma gotinha de geleia escorrendo. Tudo sem que haja realmente a presença humana (de atores) na cena.

É importante destacar que os preparos finalizados em cena exigem ainda mais cuidado com o planejamento de cada etapa, porque ter que limpar e refazer todo o cenário consome um tempo precioso nosso. Mas, se acontecer, não se preocupe, faz parte também do trabalho limpar tudo e refazer a cena.

PASSO A PASSO

INGREDIENTES

- Geleia de fruta
- Requeijão
- Pasta de dente 100% branca
- Torradas
- Pincel

- Pinça
- Massa de modelar
- Espátula pequena
- Colheres de diferentes tamanhos
- Tábua de corte

MODO DE PREPARO

1. Separe os ingredientes para o preparo.
2. Comece misturando bem a geleia com uma colher para que fique homogênea e maleável.
3. Misture o requeijão com a pasta de dente branca em uma proporção de um para um. Este creme branco vai substituir o creme de queijo porque preserva o melhor dos dois ingredientes: a textura maleável e fluida do requeijão e a cor mais branca da pasta de dente, que também serve para tornar o creme mais firme e evitar que ele escorra.
4. Passe o creme branco na torradinha com movimentos de meia-lua, de dentro para fora. Faça quantos movimentos preferir; para este preparo, fiz três vezes.
5. Com ajuda de uma colher, coloque a geleia sobre o creme branco. Se preferir, para dar mais segurança, coloque a geleia em uma colher e, com outra colher, direcione-a para a posição de sua preferência. Com a ajuda de um pincel, ou mesmo uma pinça, misture levemente a geleia com o creme para um resultado mais realista.
6. Com cada item em seu devido lugar, vamos começar a humanizar a cena. Coloque a faca no local desejado com um pouco de massa de modelar para posicioná-la no ângulo e posição desejados.
7. Fora da cena, faça um pouco de farelo de torrada e depois coloque em pontos estratégicos para criar um pouco de ruído e dar mais conforto à cena.
8. Coloque um pouco de geleia sobre a faca. Use um pincel para espalhar a geleia na faca e fazer uma sujeira bem calculada.
9. Coloque um pouco mais de geleia, agora escorrendo da torrada para salientar ainda mais essa ideia de conforto e despertar aquela vontade de lamber os dedos e se sentir parte desse momento aconchegante.

DOCES

PANQUECAS VOADORAS

As panquecas são receitas tradicionais da gastronomia francesa, mas muito populares nos Estados Unidos e Canadá. Elas têm massa fofinha, sabor leve e são consumidas com frutas, manteiga, mel, ovos, bacon, queijo... A lista de acompanhamentos é extensa, e não me importo de ter de provar cada uma delas.

A panqueca é uma espécie de bolo de frigideira (no inglês, *pancake*), e é uma queridinha no mundo dos food bloggers e foodies. É só pesquisar no Pinterest ou no Instagram e você verá uma infinidade de receitas e imagens – e é por isso que ela não poderia ficar de fora desta obra.

No entanto, decidi fazer uma produção mais ousada, fugindo um pouco daquele estereótipo das panquecas empilhadas (que também é muito bonito), mas aí não teria muita novidade para você que já leu até aqui, não é mesmo?

Quando sobrepostas, elas adquirem um aspecto pesado e não transmitem leveza, que é uma característica dessa massa. Por isso, sempre use uma lâmina de isopor (ou até mesmo de papelão) entre cada panqueca para que as camadas fiquem mais evidentes e com um resultado mais leve.

FOOD STYLING

Nesta produção, vamos dar movimento às panquecas, como se elas estivessem flutuando ou caindo. É claro que, além das técnicas de food styling, o resultado vai depender da manipulação digital da imagem para fazer com que elas pareçam flutuar, mas eu fiz tudo com o celular (foto e edição), e vou mostrar como.

Existem diferentes maneiras de se compor uma pilha de panquecas. Você pode deixá-las superalinhadas, com um aspecto mais certinho, ou levemente desencontradas, gerando um movimento. Tudo isso vai depender da informação que se quer transmitir. Como colocamos lâminas de isopor entre as camadas e as fixamos com alfinetes, fica fácil sobrepor as panquecas de um modo que pareça que elas estejam flutuando, como é o caso desta produção. Mas se este não for o seu objetivo, tome cuidado para não fazer a comida desafiar as leis da gravidade, tudo bem?

PASSO A PASSO

INGREDIENTES

- Panquecas
- Tesoura
- Aro de corte
- Lâminas de isopor
- Alfinetes
- Palitos de churrasco
- Mirtilo
- Hortelã
- Palitos de dente
- Pincéis
- Pinças

MODO DE PREPARO

1. Separe os ingredientes para o preparo.
2. Faça a sua receita de panquecas preferida, mantendo um padrão e diâmetros parecidos. Depois de prontas, corte qualquer rebarba com uma tesoura para um acabamento mais preciso.
3. Use um aro com diâmetro menor do que o da panqueca (pelo menos 1 cm menor) para fazer marcas na lâmina de isopor, que servirão como referência para recortar círculos que serão usados nesta produção. O número vai variar de acordo com a produção, neste caso precisei de 8.

4. Corte mais um círculo, mas desta vez com um diâmetro um pouco maior (mas ainda assim menor do que a panqueca) para fazer a base. O disco maior servirá de base, então sobre ele coloque três círculos (usei três lâminas, porque esta foi a quantidade necessária para atingir a altura, ou espessura, das panquecas que fiz).
5. Espete alguns alfinetes de baixo para cima nos discos que servirão de base e posicione essa base no prato escolhido para a produção. Usando o mesmo aro, corte o centro de uma panqueca e encaixe-a na base.
6. Depois de posicionar a primeira panqueca, defina qual o lado mais bonito e comece a empilhá-las colocando sempre uma lâmina de isopor sob cada uma (com cuidado para que não apareçam). Tente colocá-las levemente desencontradas para um resultado mais natural. Eu empilhei três panquecas nesta base.
7. Depois que a base estiver pronta, crave três palitos de churrasco nessas panquecas até atingir a base de isopor para ficar bem firme. Deixe as pontas para cima, assim será mais fácil de posicionar as próximas panquecas. Se preferir, crave os palitos antes de colocar as panquecas da base.

8. Coloque a lâmina de isopor nos espetos e posicione na altura e ângulo que preferir para dar o movimento da panqueca caindo.
9. Sobre a lâmina de isopor, posicione a panqueca – lembre-se de esconder o isopor no lado da frente da produção. Repita esse processo de colocar as lâminas e as panquecas até obter a altura e a quantidade de camadas desejadas. Posicione as camadas com ângulos diferentes para dar mais movimento.
10. Depois de atingir o resultado desejado, comece a adicionar os mirtilos, prendendo-os com alfinetes ou palitos de dente. Lembre-se de posicioná-los de modo a gerar movimento. Mantenha os mais altos mais distantes da panqueca, e na base coloque alguns que já caíram.
11. Faça o mesmo procedimento dos mirtilos com as folhas de hortelã.
12. Pronto, agora é só levar as panquecas voadoras para o set e fotografar. A seguir, irei mostrar como editar a foto para remover os palitos e alfinetes.

Quer saber como fiz para editar e remover os palitos e alfinetes desta imagem usando apenas aplicativos gratuitos?

Preparei um vídeo demonstrando passo a passo para ajudá-lo na edição.

https://rb.gy/7zp2y8

Fotografia de Pedro Ribeiro (Estúdio Malagueta) para curso de food styling.

SORVETE A 30 °C

Quem não gosta de sorvete, não é? Eu mesmo sou um apaixonado pelo *gelato*, mas, quando o assunto é fotografia de sorvete, esse sonho pode facilmente se tornar um pesadelo! Imagine ter que fazer uma produção para uma série de fotografias de sorvete em um país tropical, em um set cheio de luzes quentes. Assim que a produção do sorvete estiver pronta, ele vai começar a derreter, e a realidade de uma produção fotográfica em que o cenário fica montado por algum tempo até que a foto ideal seja feita acaba tornando esse tipo de produção um desafio.

Graças aos food stylists que vieram antes de nós, uma série de técnicas foram criadas para driblar essas adversidades. Aqui explicarei algumas dessas possibilidades tanto para o sorvete de verdade quanto para uma receita de sorvete *fake*, que imita muito bem o real. Esse sorvete milagroso para manhãs ensolaradas, tardes quentes e noites tropicais é a técnica que mais uso, porque nos rende um preparo estável que não vai derreter.

SORVETE

Sim, dá para usar sorvete de verdade! Há alguns truques que podem ser usados para esse tipo de produção. Nestes casos, é fundamental que toda a produção esteja pronta, câmera e luz posicionadas para só no momento do click colocarmos o sorvete no set.

Algumas produções de sorvete são realizadas dentro de uma câmara fria, com temperatura controlada, para proporcionar uma vida útil maior à produção, mas este é um custo com o qual nem todos os clientes estarão dispostos a arcar.

Uma das técnicas para trabalhar com o sorvete de verdade, sem dispor de uma câmara frigorífica, é fazer as bolas e congelá-las já no formato desejado, e, quando estiverem duras como pedra, montar a produção. Neste caso, todos têm que ser muito rápidos, porque assim que o sorvete sair do congelador, ele vai começar a derreter.

Outra possibilidade é trabalhar com placas de gelo seco. Basta fazer as bolas de sorvete e deixá-las sobre as placas de gelo até a hora de usá-las. Isso vai manter o sorvete congelado e com menos resíduos de cristais de gelo em comparação à técnica anterior. O gelo seco também pode ser usado para fazer aquele vapor gelado para compor a fotografia. Basta colocar uns pedacinhos de gelo seco em uma peneira de metal e polvilhar sobre a preparação. Esta técnica também pode ser usada para garantir que a parte superior do sorvete continue congelada.

Siga as instruções do fabricante ao usar o gelo seco, pois ele pode queimar a pele.

Para fazer as bolas de sorvete, é possível usar as mesmas técnicas que irei mostrar no passo a passo a seguir.

Existem vários tipos de receitas, das mais simples, como a do purê de batata em pó com corante, até as mais complexas. Cada food stylist tem a sua receita favorita e suas variações, dependendo do caso. Aqui vou mostrar a que mais uso, e garanto que, se você seguir os passos com atenção, será um sucesso.

PASSO A PASSO

INGREDIENTES

- 500 g de gordura vegetal
- 1 kg de açúcar impalpável
- 20 g de glucose de milho
- Corante líquido vermelho
- Espátula de silicone
- Boleador de sorvete com ejetor, do tamanho desejado
- 30 g de creme de leite
- Pincéis variados
- Tábua de corte

1

MODO DE PREPARO

1. Separe os ingredientes para o preparo.
2. Em um bowl, coloque a gordura vegetal e, aos poucos, vá adicionando o açúcar impalpável.
3. Misture até obter uma massa espessa e levemente quebradiça. Não use todo o açúcar para deixar um pouco para uma eventual correção na textura no final da receita.

•••

A quantidade de açúcar impalpável pode variar de acordo com a temperatura e a umidade do local onde você estiver preparando esta receita.

•••

4. Adicione a glucose de milho e misture bem.
5. Agora é a hora de colorir. Nesta receita, utilizei corante vermelho, pois o sorvete é de morango, mas a cor do corante vai variar de acordo com o sabor do preparo. Vá adicionando o corante aos poucos, de gota em gota, misturando muito bem até obter uma coloração homogênea. Se a cor ainda não estiver na tonalidade desejada, adicione outra gota e misture muito bem novamente.
6. A massa está pronta. Confira a textura com a espátula ou com o próprio boleador de sorvete e acrescente mais açúcar caso necessário. Dependendo da temperatura do ambiente, recomendo colocar a massa do sorvete por pelo menos meia hora na geladeira para ela ficar mais fácil de ser trabalhada.
7. Pegue porções da massa usando o boleador de sorvete com ejetor.
8. Molde as bolas de sorvete. Faça quantas bolas de sorvete forem necessárias.
9. Escolha as mais bonitas e, se necessário, refaça as demais. Esta é uma das vantagens desta massa, você pode refazer até obter o formato desejado.
10. Para replicar o sorvete derretendo e trazer realismo à receita, misture o corante com o creme de leite. Para isso, suje um palito ou a pontinha do pincel no corante e tinja o creme de leite até atingir exatamente a mesma coloração da massa.

11. Agora monte o seu sorvete! Comece limpando muito bem o recipiente onde o modelo será montado. Preencha-o com a massa do sorvete até a altura onde serão colocadas as bolas.
12. Com uma espátula, coloque a quantidade de bolas desejada.
13. Utilize a mistura de creme de leite com corante para simular um leve derretido nas partes onde o sorvete toca o recipiente e nos pontos de contato entre uma bola e outra. Isso vai trazer mais realismo ao preparo.

Essa massa de sorvete pode ser feita com antecedência e armazenada em um pote fechado até ser usada. Isso vai agilizar a produção no dia da foto ou vídeo.

OUTROS SABORES DE SORVETE

Para um sorvete com aspecto marmorizado, como é o caso do sabor de iogurte, que tem a massa branca com um marmorizado vermelho de morango, por exemplo, faça a massa do sorvete *fake* e misture uma geleia de fruta, mas não misture a geleia demais para preservar o aspecto marmorizado. Caso a massa tenha alguma coloração específica, basta tingi-la com o corante antes, até obter a cor homogênea, para então misturar a geleia ou outro ingrediente desejado.

Para o sorvete de flocos, basta acrescentar chocolate moído na massa sem nenhum tipo de corante e misturar até obter o resultado desejado.

Para produções com mais de uma bola de sorvete, tenha em mente o conceito de perfeitamente imperfeito, ou seja, não queremos bolas de sorvete milimetricamente idênticas. Uma dica para obter alguma variação no tamanho e formato das bolas de sorvete é utilizar diferentes boleadores de sorvete, assim você vai obter um visual mais natural e interessante.

Falando em visual natural, lembre-se de adicionar alguns pontos do creme na cor do sorvete para trazer o aspecto de derretido. Essa técnica é muito útil para obter um visual mais uniforme entre as bolas de sorvete. Além disso, aquele derretidinho ajuda a criar o desejado *appetite appeal*.

Ao manusear e transportar as bolas de sorvete, utilize espátulas para manter a integridade de suas formas.

Styling de sorvete como indicação de uso de produto, neste caso o tahine negro. Fotografia por Pedro Ribeiro (Estúdio Malagueta).

SORVETE DE MÁQUINA

Para reproduzir aquele sorvete de máquina, tipo as casquinhas de redes de *fast food*, existem muitas receitas, mas a que eu acho que tem o melhor resultado é a que leva o creme tipo chantili para coberturas e recheios, que você encontra na área refrigerada de lojas de confeitaria. Além de conseguir um aspecto super-realista, este produto tem estabilizantes que vão proporcionar uma maior segurança e durabilidade ao preparo. O preparo é simples:

1. Bata o chantili estabilizado em uma batedeira momentos antes da produção.
2. Em um bowl, caso necessário, tinja o chantili com corante em gel até atingir a coloração desejada.
3. Coloque o chantili em um saco de confeitar e selecione um bico que seja equivalente ao resultado que se quer obter. (Treine o movimento do sorvete e quantas voltas o modelo terá com antecedência.)
4. Depois que todos os itens estiverem posicionados em cena, monte o modelo e pronto!

Caso não encontre esse produto, ele pode ser substituído no preparo descrito anteriormente por chantili normal ou *buttercream* (creme de manteiga). Em último caso, até mesmo espuma de barbear pode ser usada para fazer sorvete da cor branca quando ele não estiver em destaque na produção.

ANEXOS

ATIVIDADE PROPOSTA

Após passarmos pela aplicação de uma série de técnicas e conceitos de food styling, pela composição de cenários para fotos e vídeos de gastronomia e pelo passo a passo de diferentes tipos de preparos, proponho aqui um desafio. A intenção é guiá-lo em uma atividade, para que você possa testar suas habilidades, e estimulá-lo a praticar o que aprendeu, afinal somente com muita prática é possível atingir a excelência.

Então, vamos lá?

Neste desafio, você terá que criar um cenário, produzir um alimento e fotografar a produção para uma marca cujo objetivo é promover o seu produto nas redes sociais. O produto em questão é uma geleia de frutas, e a história que queremos contar envolve o preparo de um café da manhã que evoque sensações de aconchego e saudabilidade (os valores que a marca quer transmitir). A fotografia deve ser feita em um ângulo de 90°.

Para te ajudar a alcançar esse resultado, apresento a seguir um exemplo detalhado do planejamento que adaptei para essa proposta.

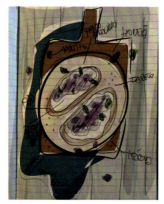

EXEMPLO PARA A ATIVIDADE

- **Qual o objetivo da produção?** Ilustrar o consumo do produto em casa para uma dieta prática e saudável.

- **Quais as características da foto/vídeo?** Fotografia em ângulo de 90° de uma cena de café da manhã para uso em redes sociais.

- **Qual é o foco de cada foto/vídeo?** O produto promovido é uma geleia de mirtilo.

- **Qual é a identidade visual?**

- **Quais são os preparos necessários para os pratos/bebidas?**

  - Geleia de mirtilo: geleia misturada com glucose de milho para aumentar o brilho e obter uma viscosidade mais interessante.

  - Creme de queijo: creme de ricota misturado com pasta de dente branca para aumentar a cremosidade e evitar que o creme perca água, mantendo a produção mais duradoura. Além de ser coerente com a receita, o creme de ricota gera um contraste do branco com a cor da geleia.

  - Pão: fatias de pão integral, artesanal, com as bordas pintadas com angostura para aumentar a marca de tostado da casca, o que cria uma aparência mais apetitosa e de uma cocção bem-feita.

  - Insumo da geleia (tema): mirtilos em temperatura ambiente. Se necessário, borrifados com spray de cabelo para dar uma textura acetinada e com talco para realçar a capinha branca natural da fruta, remetendo à sensação de frescor.

- Acabamento: folhas de hortelã frescas borrifadas com spray de frescor eterno para conferir viço.

- **Quais itens de produção de objetos preciso levar?**

  - Fundo: em madeira com pintura estilo pátina com tons de branco, azul e amarelo.

  - Tábua: neutra, com desenho bem tradicional, para estabelecer assimilação rápida e passar sensação de conforto.

  - Tecido: guardanapo azul-escuro para comunicar com as cores do fundo e os tons da geleia de mirtilo, gerando um contraste com o prato, a tábua e outros itens claros. Note que o contraste é agradável e não tira do foco o protagonista, que é a geleia.

  - Prato: de cerâmica artesanal em amarelo terroso, para remeter à sensação de conforto, com um tom que se comunica com o amarelo da tábua, pensado para criar contraste e realçar as bordas do pão e as folhas de hortelã.

  - Humanização: pote da geleia com uma colher suja ao lado, para sugerir ação humana e conforto e ajudar a contar bem a história, e grãos integrais, para remeter aos grãos usados no pão, dar a impressão de que ele foi cortado sobre a tábua e comunicar saudabilidade.

- **Possui receita específica para os preparos?** A geleia não tem receita, mas é necessário levar o seu ingrediente principal, o mirtilo, para usar na produção.

- **Qual a data do trabalho?** Definir um dia para esta atividade.

- **Quanto tempo tenho disponível para cada produção?** Procurar reservar tempo para testar ângulos, produção, posicionamento, composição... Quanto mais testes, melhor!

- **A lista de compras está pronta?**

  - 1 pote de geleia de mirtilo (em um caso real, o cliente fornece o produto dele, só é preciso lembrar de pedir uma quantidade suficiente para fazer e refazer todas as produções)
  - 200 g de mirtilos frescos
  - 1 pote de pelo menos 150 g de creme de ricota (definir a marca)
  - 1 pão integral de acabamento rústico e com grãos diversos
  - 1 vasinho de hortelã
  - Insumos do kit de food styling (glucose de milho, pasta de dentes 100% branca, angostura, spray de cabelo, spray de frescor eterno, talco)

- **Onde serão realizadas as compras?** Aproveite para começar a pesquisar por fornecedores.

Como você deve ter reparado, este planejamento foi adaptado à atividade, então algumas etapas foram desconsideradas, e algumas observações foram feitas para te ajudar. Você pode criar outra receita e outra forma de servir, desde que siga as instruções do "cliente".

Para concluir a atividade, poste a imagem no Instagram e me marque (@chefjulianoalbano) para que eu possa ver o resultado e acompanhar o seu desenvolvimento!

CAMADAS DA FOTO

COMIDA
1. Torrada
2. Creme de queijo
3. Geleia
4. Fruta tema da geleia
5. Acabamento (verde, grãos, farelo de pão para criar ruídos)

PRODUÇÃO
6. Fundo
7. Tábua
8. Tecido
9. Prato
10. Humanização

Fotografia por Pedro Ribeiro (Estúdio Malagueta).

Agora que você terminou este desafio, nada te impede de rever os capítulos anteriores e fazer o passo a passo daqueles preparos que mais te interessaram. Se você não gostou do resultado de sua primeira experiência prática, faça uma análise de maneira crítica do que pode ser feito para melhorar. Refaça o prato ou a bebida, mude os itens da produção. Se a produção e o prato estão lindos, aprofunde-se um pouco mais nas questões ligadas à fotografia e à edição das imagens.

POSICIONAMENTO E COMPOSIÇÃO

Neste tópico, analiso a foto principal de cada receita para demonstrar a composição das cenas, e destaco alguns conceitos que foram abordados ao longo do livro e aplicados nas fotos.

Assim, você também poderá usar este tópico como uma espécie de índice para procurar técnicas e preparos específicos, afinal buscar por imagens é muito mais legal!

SALADA

#vegetaisfrescos
#spraydefrescoreterno
#preenchimentodefundo
#posicionamento

SALADA DE FRUTAS

#centralizado #frutas
#preservaçãodeingredientes
#preenchimentodefundo
#humanização #noventagraus
#fundohorizontal

PUDIM DE CHIA COM BANANA E MEL

#triângulo #mel #frutas
#preservaçãodeingredientes
#humanização #zerograu
#fundohorizontaleventical

FRANGO ASSADO DOURADO

#regradosterços
#frangoassado
#tintadeacabamentoliso
#quarentaecincograus
#fundohorizontaleventical

FRANGO ORIENTAL

#regradosterços
#tintadeacabamentosuculento
#branqueamento
#preenchimentodefundo
#quarentaecincograus
#fundohorizontaleventical

FRANGO GRELHADO

#centralizado
#tintadeacabamentorústico
#humanização #noventagraus
#fundohorizontal

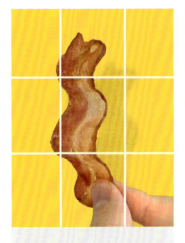
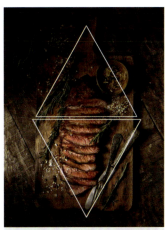

FRANGO GRELHADO COM LEGUMES

#centralizado #frango
#marcasdegrelhado
#tintadeacabamentorústico
#branqueamento #saudável
#noventagraus #fundohorizontal

BACON DOS DEUSES, ONDULADO E CROCANTE

#bacon #crocante
#humanização #zerograu
#fundovertical

MAMINHA NO SAL GROSSO

#centralizado #triângulos
#humanização #carneassada
#carnemalpassada
#pinturadeproteína #dark
#noventagraus #fundohorizontal

STEAK

#bife #marcasdegrelhado
#pinturadeproteína
#batatastostadas
#humanização #noventagraus
#fundovertical

PORK RIBS

#costelasuína
#carnecomosso #dark
#carneassada #humanização
#quarentaecincograus
#fundohorizontal

SALMÃO

#peixe #corescomplementares
#repetição #triângulo
#saudável #humanização
#noventagraus #fundohorizontal

SANDUÍCHE NO PÃO BAGUETE

#ênfase #camadas #casting
#pão #queijoderretido
#spraydefrescoreterno

BAGUETE COM TIRAS DE CARNE

#camadas #casting #pão
#tirinhasdecarne
#acabamentosuculentodeproteína
#queijoderretido #zerograu
#fundohorizontal

HAMBÚRGUER

#regradosterços #camadas
#casting #pão #queijoderretido
#hambúrguer #pinturadeproteína
#marcasdegrelhado #zerograu
#fundoinfinito

"O" SANDUÍCHE

#ênfase #centralizado
#camadas #estrutura #casting
#pão #zerograu #fundovertical

OVO FRITO

#ovofrito #pattern
#noventagraus
#fundohorizontal

CAFÉ

#luzmatinal #triângulosdourados
#café #espumadcafé
#bebidaquente #humanização
#quarentaecincograus
#fundohorizontalevertical

FOOD STYLING

CAFÉ COM CREME

#luzdefinaldetarde
#centralizado #café
#espumadecafé #creme
#bebidaquente #dark
#humanização #zerograu
#fundohorizontalevertical

CERVEJA ESTUPIDAMENTE GELADA

#centralizado #bebidagelada
#garrafaultragelada
#gotasdecondensação
#zerograu #fundoinfinito

COPO DE CERVEJA

#centralizado #bebidagelada
#espumadecerveja
#gotasdecondensação
#zerograu #fundoinfinito

GIN TÔNICA COM LARANJA E HORTELÃ

#centralizado #bebidagelada
#gotasdecondensação #gelo
#posicionamentodeingredientes
#drink #zerograu #fundoinfinito

BLOODY MARY

#bebidagelada
#gotasdecondensação #gelo
#posicionamentodeingredientes
#bacon #drink #zerograu
#fundoinfinito

LASANHA À BOLONHESA

#ênfase #molho #camadas
#massa #queijogratinado
#queijoderretido #carnemoída
#quarentaecincograus
#fundohorizontalevertical

ESPAGUETE AO SUGO

#centralizado #massa
#molho #temperofresco
#preenchimentodefundo
#humanização #noventagraus
#fundohorizontal

PIZZA

#regradosterços #pizza
#fatiadepizza #queijoderretido
#queijopuxapuxa
#humanização

PASTEL DE CARNE

#diagonal #repetição
#fritura #coresanálogas
#carnemoída #humanização
#noventagraus #fundohorizontal

CREME DE ABÓBORA

#triângulo #sopa
#preenchimentodefundo
#humanização #noventagraus
#fundohorizontal

FEIJOADA!

#feijão #panela
#humanização #noventagraus
#fundohorizontal

CHOCOLATE

#centralizado #chocolate
#noventagraus #fundohorizontal

BOLO DE CENOURA COM CHOCOLATE

#triângulo #repetição #bolo
#bolorecheado #camadas
#humanização
#quarentaecincograus
#fundohorizontalevertical

CEREAL MATINAL

#triângulosdourados
#ênfase #leite #luzmatinal
#cereal #humanização
#quarentaecincograus
#fundohorizontalevertical

TORRADINHAS COM GELEIA

#geleia #cremedequeijo
#humanização
#quarentaecincograus
#fundohorizontalevertical

PANQUECAS VOADORAS

#centralizado #camadas
#estrutura #movimento #zerograu
#fundoverticalehorizontal

SORVETE A 30 °C

#diagonal #sorvetefake
#humanização
#corescomplementares
#zerograu #fundovertical

REFERÊNCIAS

Muito do meu conhecimento, disponível neste livro, é fruto do que aprendi com a literatura sobre o assunto aliado a anos de aplicação prática nesta profissão pela qual sou apaixonado.

ADOBE COLOR. Página inicial. **Adobe**, [s. d.]. Disponível em: https://color.adobe.com/pt/create/color-wheel. Acesso em: 13 dez. 2023.

BARROS, Lilian Ried Miller. **A cor no processo criativo**: um estudo sobre a Bauhaus e a teoria de Goethe. São Paulo: Editora Senac São Paulo, 2016.

BELLINGHAM, Linda; BYBEE, Jean Ann. **Food styling for photographers**: a guide to creating your own appetizing art. Waltham: Focal Press, 2008.

BRITO, Breno. **Direção de arte**: planejamento visual gráfico – Apostila 7. Teresina: Associação de Ensino Superior do Piauí, 2011.

CHINEN, Nobu (org.). **Curso completo**: design gráfico. São Paulo: Escala Educacional, 2011.

CUSTER, Delores. **Food styling**: the art of preparing food for the camera. Hoboken: Wiley, 2010.

DI, Wei *et al*. Is a picture really worth a thousand words? On the role of images in e-commerce. *In*: ACM INTERNATIONAL CONFERENCE ON WEB SEARCH AND DATA MINING, 7., 2014, New York. **Proceedings** [...]. New York: Association for Computing Machinery, 2014.

DIÁLOGOS COMESTÍVEIS. Página inicial. **Diálogos comestíveis**, [s. d.] Disponível em: https://www.dialogoscomestiveis.com.br/. Acesso em: 15 set. 2023.

EISEMAN, Leatrice. **Color**: messages and meanings – a Pantone color resource. Gloucester: Hand Books Press, 2006.

HEDGECOE, John. **Guia completo de fotografia**: a técnica fotográfica explicada passo a passo em mais de 400 fotografias e ilustrações em cores. São Paulo: Martins Fontes, 1996.

HELLER, Eva. **A psicologia das cores**: como as cores afetam a emoção e a razão. São Paulo: Olhares, 2021.

HUBER, Luki. **Designs and sketches for elBulli**. London: Grub Street Cookery, 2019.

MA, Xiao *et al*. Understanding image quality and trust in peer-to-peer marketplaces. *In*: IEEE WINTER CONFERENCE ON APPLICATIONS OF COMPUTER VISION, 2019, Waikoloa. **Proceedings** [...]. [S. l.]: IEEE, 2019. p. 511-520.

META. Boas práticas para taxas de proporção. **Meta**, [s. d.]. Disponível em: https://www.facebook.com/business/help/103816146375741?id=271710926837064. Acesso em: 22 fev. 2024.

PANTONE. Home page. **Pantone**, [s. d.]. Disponível em: https://www.pantone.com/pantone-connect. Acesso em: 24 jan. 2024.

PANTONE foodmood. Milan: Guido Tommasi Editore, 2017.

TOPTAL®. ColourCode: color palette generator. **Toptal®**, [s. d.]. Disponível em: https://www.toptal.com/designers/colourcode. Acesso em: 24 jan. 2024.

VIVALDO, Denise; FLANNIGAN, Cindie. **The food stylist's handbook**: hundreds of media styling tips, tricks, and secrets for chefs, artists, bloggers, and food lovers. New York: Skyhorse Publishing, 2017.

JULIANO ALBANO

Juliano Albano tem curso superior de tecnologia em gastronomia pela Universidade Cesumar (Unicesumar), formação como chef de cuisine – restaurateur pelo Centro Europeu de Curitiba e curso de aprimoramento no Italian Culinary Institute for Foreigners (Icif). Iniciou sua carreira na área de consultoria gastronômica e ingressou no universo do food styling em 2012, mas foi em 2015, após se estabelecer no estado de São Paulo, que consolidou sua carreira definitivamente nessa área. Destaca-se como autor do primeiro livro original em português sobre food styling.

JOÃO MARTINS PORTELINHA NETO

João Martins Portelinha Neto tem graduação em engenharia ambiental pela Universidade do Vale do Itajaí (Univali), especialização em construção enxuta pela Universidade Tecnológica Federal do Paraná (UTFPR) e em gestão de negócios em serviços de alimentação com foco em resultados pelo Centro Universitário Senac São Paulo. Tem experiência em gestão e sustentabilidade, colabora desde 2015 com o chef Juliano Albano ampliando seu foco para a gestão em gastronomia, e em 2021 começou a explorar a fotografia de alimentos.